2025

교정직 7·9급 시험대비

박상민
Justice

교정학

[실전 **모의고사**]

메가 공무원

박영사

차례

정답 및 해설

박상민 *Justice* 교정학

실전 모의고사

교정학 실전 모의고사

01 교정학 실전 모의고사

01 형식적 의미의 범죄와 실질적 의미의 범죄에 관한 설명으로 가장 적절하지 않은 것은?

① 형식적 의미의 범죄는 시간과 공간에 따라 변하지 않는 특성이 있다.
② 형식적 의미의 범죄는 입법의 지연에 따라 법적 허점을 야기할 수 있다.
③ 실질적 의미의 범죄는 사회에 유해한 반사회적 행위를 뜻한다.
④ 실질적 의미의 범죄는 범죄개념에 더 근원적으로 접근하기 때문에 정책적 판단기준을 제시해 준다.

02 갈등론적 관점에 대한 설명으로 가장 적절하지 않은 것은?

① 법의 제정과 집행은 사회 일반의 이익을 보호하기 위해서가 아니라, 국가운영을 통제하는 지배계층의 이익을 보호하기 위해 존재한다.
② 범죄원인을 밝히기보다는 '대부분의 사람은 왜 범죄를 저지르지 않고, 사회규범에 동조하는가'라는 의문에서 출발하고 있다.
③ 살인, 강도, 절도, 도박 등 일반범죄의 원인을 설명하는 것은 한계가 있다.
④ 볼드(Vold)의 집단갈등이론은 인종분쟁, 노사분쟁과 같은 이익집단 간의 갈등에서 비롯된 범죄현상을 설명하는 데 유용하다.

03 다음 사례에 적용된 환경설계를 통한 범죄예방(CPTED)의 원리로 가장 적절한 것은?

> ○○경찰서에는 관할 구역 내 방치된 공·폐가와 인적이 드문 골목길에 대한 민원이 자주 접수되고 있다. 이에 경찰서는 관할 구청과 협조하여 방치된 공·폐가는 카페로 조성하고 골목길에는 벤치와 운동기구를 설치하였다. 새로 조성된 카페와 시설물을 주민들이 적극적으로 이용하면서 자연스럽게 감시기능이 향상되는 결과가 나타났다.

① 접근통제(access control)
② 영역성(territoriality)
③ 활동성 지원(activity support)
④ 유지·관리(maintenance & management)

04 「형의 집행 및 수용자의 처우에 관한 법률」 제1조(목적)의 내용으로 옳지 않은 것만 고른 것은?

> ㉠ 수형자의 교정교화　　　　　　　　㉡ 수용자의 건전한 사회복귀
> ㉢ 수용자의 인권　　　　　　　　　　㉣ 교정시설의 운영

① ㉠, ㉡　　　　　　　　　　　　② ㉡, ㉢
③ ㉢, ㉣　　　　　　　　　　　　④ ㉠, ㉣

05 다음 중 「형의 집행 및 수용자의 처우에 관한 법률」상 구분수용의 예외에 관한 설명으로 옳지 않은 것은?

> ㉠ 범죄의 증거인멸을 방지하기 위하여 필요한 때에는 교도소에 미결수용자를 수용하여야 한다.
> ㉡ 취사 등의 작업을 위하여 필요하거나 그 밖에 특별한 사정이 있으면 구치소에 수형자를 수용할 수 있다.
> ㉢ 수형자가 소년교도소에 수용 중 19세가 된 경우에도 교육·교화프로그램, 작업, 직업훈련 등을 실시하기 위하여 특히 필요하다고 인정되면 23세가 되기 전까지는 계속하여 수용할 수 있다.
> ㉣ 소장은 특별한 사정이 있으면 구분수용 기준에 따라 다른 교정시설로 이송하여야 할 수형자를 3개월을 초과하지 아니하는 기간 동안 계속하여 수용할 수 있다.

① ㉠, ㉡　　　　　　　　　　　　② ㉡, ㉢
③ ㉢, ㉣　　　　　　　　　　　　④ ㉠, ㉣

06 「형의 집행 및 수용자의 처우에 관한 법률」상 수용자의 이송에 관한 내용으로 (　) 안에 들어갈 말은?

> 소장은 수용자의 수용·작업·교화·의료, 그 밖의 처우를 위하여 필요하거나 시설의 안전과 질서유지를 위하여 필요하다고 인정하면 (　　)을(를) 받아 수용자를 다른 교정시설로 이송할 수 있다.

① 법무부장관의 허가　　　　　　　② 법무부장관의 승인
③ 관할 지방교정청장의 허가　　　　④ 관할 지방교정청장의 승인

07 현행법령상 다음에 제시된 괄호 안에 들어갈 숫자들의 합은?

> ㉠ 경찰관서에 설치된 유치장에는 수형자를 ( )일 이상 수용할 수 없다.
> ㉡ 개방처우급 수형자의 전화통화 허용횟수는 처우상 특히 필요한 경우를 제외하고 월 ( )회 이내이다.
> ㉢ 공소가 제기된 범죄는 판결의 확정이 없이 공소를 제기한 때로부터 ( )년을 경과하면 공소시효가 완성한 것으로 간주한다.
> ㉣ 형의 선고를 유예하는 경우에 재범방지를 위하여 지도 및 원호가 필요한 때에는 ( )년간 보호관찰을 받을 것을 명할 수 있다.

① 41   ② 61

③ 62   ④ 64

08 「보호소년 등의 처우에 관한 법령」상 보호소년의 면회, 편지, 전화통화에 대한 설명으로 옳은 것은?

① 보호소년이 면회를 할 때에는 소속 공무원이 참석할 수 있으나, 면회를 중지시킬 수는 없다.

② 보호소년이 변호인이나 보조인과 면회를 할 때에는 소속 공무원이 참석하지 아니하며, 보이는 거리에서 지켜볼 수도 없다.

③ 소년원장은 보호소년의 보호 및 교정교육에 지장이 있다고 인정되는 경우 보호소년의 편지 왕래를 제한할 수 있으나, 그 편지의 내용을 검사할 수는 없다.

④ 소년원장은 그 상대방이 변호인이나 보조인임을 확인할 수 없는 경우를 제외하고는 보호소년이 변호인이나 보조인과 주고받는 편지를 제한하거나 검사할 수 없다.

09 「형의 집행 및 수용자의 처우에 관한 법률」상 수용자에 대한 금품전달에 관한 설명으로 옳지 않은 것은?

> ㉠ 금품전달 불허가사유는 수형자의 교화 또는 건전한 사회복귀를 해칠 우려가 있는 때와 시설의 안전 또는 질서를 해칠 우려가 있는 때이다.
> ㉡ 소장은 수용자 외의 사람이 수용자에게 주려는 금품이 금품전달 불허가사유에 해당하거나 수용자가 금품을 받지 아니하려는 경우에는 해당 금품을 보낸 사람에게 되돌려 보내야 한다.
> ㉢ 소장은 ㉡의 경우에 금품을 보낸 사람을 알 수 없거나 보낸 사람의 주소가 불분명한 경우에는 금품을 다시 가지고 갈 것을 공고하여야 하며, 공고한 후 6개월이 지나도 금품을 돌려 달라고 청구하는 사람이 없으면 그 금품은 폐기한다.
> ㉣ 소장은 보낸 사람에게 되돌려 보내는 등의 조치를 하였으면 그 사실을 수용자에게 알릴 수 있다.

① ㉠, ㉡   ② ㉡, ㉢

③ ㉢, ㉣   ④ ㉠, ㉣

10 다음은 법률상 특별한 보호가 필요한 수용자 처우에 관한 설명이다. 맞는 것을 고르면 모두 몇 개인가?

> ㉠ 생리 중인 여성수용자에게는 위생물품을 지급할 수 있다.
> ㉡ 노인수용자는 70세 이상이다.
> ㉢ 장애인수용자란 시각, 청각, 언어, 지체 등의 장애를 가진 수용자이다.
> ㉣ 소장은 외국인수용자에 대하여 언어나 생활문화 등을 고려하여 처우를 하여야 한다.
> ㉤ 노인, 장애인, 외국인수용자에 대하여 필요한 사항은 대통령령으로 정한다.
> ㉥ 수용자가 미성년 자녀와 접견 시 차단시설이 없는 장소에서 접견하도록 하여야 한다.

① 1개　　　　　　　　　　　　　② 2개
③ 3개　　　　　　　　　　　　　④ 4개

11 현행법령상 청원에 관한 설명 중 틀린 것을 모두 고른 것은?

> ㉠ 수용자는 그 처우에 관하여 불복하는 경우 법무부장관 또는 감사관에게 청원할 수 있다
> ㉡ 수용자가 청원서를 작성하면 교도관은 이를 봉한 후 소장에게 제출하여야 한다.
> ㉢ 소장은 수용자가 순회점검공무원에게 청원한 경우 인적사항과 청원요지를 청원부에 기록한다.
> ㉣ 청원에 관한 결정은 문서로써 하여야 한다.

① ㉠　　　　　　　　　　　　　② ㉠, ㉡
③ ㉠, ㉡, ㉢　　　　　　　　　　④ ㉠, ㉡, ㉢, ㉣

12 「형의 집행 및 수용자의 처우에 관한 법률」상 안전과 질서에 대한 설명으로 옳은 것만을 모두 고른 것은?

> ㉠ 소장은 수용자가 자살 또는 자해의 우려가 있는 때에는 의무관의 의견을 고려하여 진정실에 수용할 수 있다.
> ㉡ 교도관은 자살·자해·도주·폭행·손괴, 그 밖에 수용자의 생명·신체를 해하거나 시설의 안전 또는 질서를 해하는 행위(이하 "자살 등"이라 한다)를 방지하기 위하여 필요한 범위에서 전자장비를 이용하여 수용자 또는 시설을 계호할 수 있다. 다만, 전자영상장비로 거실에 있는 수용자를 계호하는 것은 자살 등의 우려가 큰 때에만 할 수 있다.
> ㉢ 교도관은 수용자가 위력으로 교도관의 정당한 직무집행을 방해하는 때에는 수갑·포승을 사용할 수 있다.
> ㉣ 교도관은 수용자가 다른 사람에게 위해를 끼치거나 끼치려고 하는 때에는 무기를 사용할 수 있다.

① ㉠, ㉢　　　　　　　　　　　② ㉠, ㉣
③ ㉡, ㉢　　　　　　　　　　　④ ㉡, ㉣

13 다음 중 형의 집행 및 수용자의 처우에 관한 법령상 접촉차단시설이 설치되지 아니한 장소에서 접견하게 할 수 있는 경우가 아닌 것은?

> ㉠ 수용자가 미성년자인 자녀와 접견하는 경우
> ㉡ 수형자가 19세 미만인 때
> ㉢ 수형자가 교정성적이 우수하지 않은 때
> ㉣ 미결수용자의 처우를 위하여 특히 필요하다고 인정되는 때

① ㉠, ㉡   ② ㉡, ㉢
③ ㉢, ㉣   ④ ㉠, ㉣

14 현행법령상 접견 및 편지수수에 관한 설명으로 옳지 않은 것은?

> ㉠ 수용자와 교정시설 외부의 사람이 접견하는 경우에 접견내용이 청취·녹음 또는 녹화될 때에 국어로 의사소통하기 곤란한 사정이 있더라도 외국어는 사용해서는 안 된다.
> ㉡ 소장은 발신 또는 수신이 금지된 편지는 그 구체적인 사유를 서면으로 작성해 관리하고, 수용자에게 그 사유를 알린 후 교정시설에 보관한다. 다만, 수용자가 동의하면 폐기할 수 있다.
> ㉢ 소장은 편지의 내용을 검열하였을 때에는 그 사실을 해당 수용자에게 지체 없이 알려 주어야 한다.
> ㉣ 수용자의 편지·소송서류, 그 밖의 문서를 보내는 경우에 드는 비용은 교정시설에서 부담한다.

① ㉠, ㉡   ② ㉡, ㉢
③ ㉢, ㉣   ④ ㉠, ㉣

15 「형의 집행 및 수용자의 처우에 관한 법률 시행령」상 여성수용자의 처우와 관련하여 예외 없이 반드시 여성교도관이 하여야 하는 것을 모두 고르면?

> ㉠ 여성수용자에 대한 상담·교육·작업
> ㉡ 거실에 있는 여성수용자에 대한 야간시찰
> ㉢ 여성수용자에 대한 목욕 계호
> ㉣ 여성수용자에 대한 신체·의류·휴대품 검사
> ㉤ 거실에 있는 여성수용자에 대한 전자영상장비 계호

① ㉠, ㉡, ㉢   ② ㉠, ㉡, ㉣
③ ㉡, ㉢, ㉤   ④ ㉢, ㉣, ㉤

16 범죄예측에 관한 설명으로 옳지 않은 것은?

① 범죄예측이란 예방·수사·재판·교정의 각 단계에서 개개의 사례를 통해서 잠재적 범죄자의 범행가능성이나 범죄자의 재범가능성을 판단하는 것이다.

② 통계적 예측방법은 임상적 지식이나 경험이 없는 비전문가에 의해서도 행해질 수 있다.

③ 임상적 예측방법은 의학·심리학 등을 바탕으로 대상자를 조사하고 관찰하여 범죄를 예측하기 때문에 조사자의 주관이 개입될 여지가 없다.

④ 예방단계에서 조기예측은 주로 성인범죄보다는 소년범죄의 예측에 사용되고 있다.

17 다음 「형의 집행 및 수용자의 처우에 관한 법률 시행령」상의 경비등급별 설비 및 계호와 관련하여 ( ) 안에 들어갈 말은?

> 법 제57조 제2항 각 호(경비등급별 교정시설)의 수용설비 및 계호의 정도는 다음 각 호의 규정에 어긋나지 않는 범위에서 ( ) 정한다.
> 1. 수형자의 생명이나 신체, 그 밖의 인권보호에 적합할 것
> 2. 교정시설의 안전과 질서유지를 위하여 필요한 최소한의 범위일 것
> 3. 법 제56조 제1항의 개별처우계획의 시행에 적합할 것

① 따로 법률로   ② 대통령령으로

③ 법무부령으로   ④ 법무부장관이

18 「보호관찰 등에 관한 법률」상 사회봉사명령에 대한 설명으로 옳지 않은 것은?

① 보호관찰관은 국공립기관이나 그 밖의 단체에 사회봉사명령 집행의 전부 또는 일부를 위탁할 수 있다.

② 법원은 형법상 사회봉사를 명할 경우에 대상자가 사회봉사를 할 분야와 장소 등을 지정하여야 한다.

③ 사회봉사명령 대상자는 주거를 이전하거나 1개월 이상 국내외 여행을 할 때에는 미리 보호관찰관에게 신고하여야 한다.

④ 형법상 형의 집행유예 시 사회봉사를 명할 때에는 다른 법률에 특별한 규정이 없으면 500시간의 범위에서 그 기간을 정하여야 한다.

19 현행 「전자장치 부착 등에 관한 법률」에 의할 때 검사가 성폭력범죄를 범한 자로서 성폭력범죄를 다시 범할 위험성이 있다고 인정되는 사람에 대하여 전자장치 부착을 청구할 수 없는 경우는?

① 강간죄로 전자장치를 부착받은 전력이 있는 사람이 다시 강간죄를 저지른 때
② 강간죄를 2회 범하여 그 습벽이 인정된 때
③ 강간죄로 징역형의 실형을 선고받은 사람이 그 집행을 종료한 후 12년 되는 해에 강간죄를 저지른 때
④ 16세인 사람을 강간한 자가 아직 18세인 때

20 우리나라 소년보호사건의 관할에 관한 것으로 옳지 않은 것은?

① 심리와 처분의 결정은 소년부 단독판사가 행한다.
② 소년분류심사원에의 위탁은 종국처분에 해당한다.
③ 관할에 속하지 아니한 때에는 필요적으로 다른 소년부에 이송하여야 한다.
④ 가정법원은 소년보호사건의 관할권을 가지고 있다.

02 교정학 실전 모의고사

01 다음 중 벤담(Bentham)의 파놉티콘(Panopticon)에 대한 설명으로 가장 옳은 것은?

① 봄-보여짐의 비대칭적 구조를 갖고 있다.
② 수형자에게 강제노역은 유해하므로, 노동은 원하는 자로 한정해야 한다고 주장하였다.
③ 채찍이론을 통하여 범죄와 형벌의 비례성을 비판하고, 수형자를 강하게 처벌해야 한다는 엄격함의 원칙을 주장하였다.
④ 최초로 야간독거제를 주장했으며, 수형자 상호 간의 접촉은 차단해야 한다고 하였다.

02 범죄인의 가계연구 중 범죄성향과 유전의 관계를 부정한 연구는?

① 덕데일(Dugdale)의 쥬크가(Juke家) 연구
② 고다드(Goddard)의 칼리카크가(Kallikak家) 연구
③ 서덜랜드(Sutherland)의 에드워드가(Edward家) 연구
④ 고링(Goring)의 통계방법에 의한 연구

03 수형자 자치제도와 관계가 깊은 것은 모두 몇 개인가?

㉠ 계호주의 흠결의 보정	㉡ 오스본	㉢ 카티지제도
㉣ 과학적 수형자분류	㉤ 정기형제도	㉥ 자기통제의 원리

① 3개   ② 4개
③ 5개   ④ 6개

04 뉴먼(Newman)과 레피토(Reppetto)의 범죄예방모델에 대한 설명으로 옳지 않은 것은?

① 뉴먼은 주택건축과정에서 공동체의 익명성을 줄이고 순찰·감시가 용이하도록 구성하여 범죄예방을 도모해야 한다는 방어공간의 개념을 사용하였다.
② 범죄행위에 대한 위험과 어려움을 높여 범죄기회를 줄임으로써 범죄예방을 도모하려는 방법을 '상황적 범죄예방모델'이라고 한다.
③ 레피토는 범죄의 전이양상을 시간적 전이, 전술적 전이, 목표물 전이, 지역적 전이, 기능적 전이의 5가지로 분류하였다.
④ 상황적 범죄예방활동에 대해서는 '이익의 확산효과'로 인해 사회 전체적인 측면에서는 범죄를 줄일 수 없게 된다는 비판이 있다.

05 블럼스타인이 주장한 교도소 과밀화의 해소방안을 모두 고른 것은?

> ㉠ 집합적 무력화   ㉡ 정문정책
> ㉢ 후문정책   ㉣ 교정시설의 확충

① ㉠, ㉡   ② ㉠, ㉢, ㉣
③ ㉡, ㉢, ㉣   ④ ㉠, ㉡, ㉢, ㉣

06 「형의 집행 및 수용자의 처우에 관한 법률 시행규칙」상 분류처우위원회에 관한 설명으로 옳지 않은 것은?

> ㉠ 분류처우위원회의 심의·의결사항으로는 교도작업에 관한 사항, 가석방 적격심사 신청 대상자 선정 등에 관한 사항 등이 포함된다.
> ㉡ 위원회의 회의는 매월 10일에 개최한다. 다만, 위원회의 회의를 개최하는 날이 토요일, 공휴일, 그 밖에 법무부장관이 정한 휴무일일 때에는 그 다음 날에 개최한다.
> ㉢ 위원장은 수형자의 처우와 관련하여 필요한 경우에는 임시회의를 개최할 수 있다.
> ㉣ 위원회의 회의는 재적의원 과반수의 출석으로 개의하고, 출석위원 과반수의 찬성으로 의결한다.

① ㉠, ㉡   ② ㉡, ㉢
③ ㉢, ㉣   ④ ㉠, ㉣

07 「소년법」상 소년범의 보호관찰에 대한 설명으로 옳지 않은 것은?

① 소년에게 단기 보호관찰 처분을 할 때에는 3개월 이내의 기간을 정하여 「보호소년 등의 처우에 관한 법률」에 따른 대안교육 또는 소년의 상담·선도·교화와 관련된 단체나 시설에서의 상담·교육을 받을 것을 동시에 명할 수 있다.

② 소년에게 장기 보호관찰 분을 할 때에는 1년 이내의 기간을 정하여 야간 등 특정 시간대의 외출을 제한하는 명령을 보호관찰 대상자의 준수사항으로 부과할 수 있다.

③ 소년에 대하여 단기 보호관찰 처분을 하는 경우 「아동복지법」에 따른 아동복지시설이나 그 밖의 소년보호시설에 감호위탁 또는 1개월 이내의 소년원 송치 처분을 병합할 수 있다.

④ 소년에 대한 장기 보호관찰의 기간은 2년으로 하되, 소년부 판사는 보호관찰관의 신청에 따라 결정으로써 1년의 범위에서 한 번에 한하여 그 기간을 연장할 수 있다.

08 「범죄피해자 보호법」상 범죄피해자 구조제도에 대한 설명 중 옳은 것만을 모두 고른 것은?

> ㉠ 구조금은 유족구조금, 장해구조금 및 중상해구조금으로 구분하며, 일시금으로 지급한다.
> ㉡ 정당행위나 정당방위, 긴급피난에 의해 처벌되지 아니하는 행위로 인한 피해는 구조대상 범죄피해에서 제외한다.
> ㉢ 외국인이 구조피해자이거나 유족인 경우에도 해당 국가의 상호보증 유무와 관계없이 구조금을 지급하여야 한다.
> ㉣ 구조금을 받을 권리는 양도하거나 담보로 제공하거나 압류할 수 없다.
> ㉤ 구조금을 받을 권리는 구조대상 범죄피해가 발생한 날부터 2년간 행사하지 아니하면 시효로 인하여 소멸된다.

① ㉠, ㉣　　　　　　　　　　　② ㉡, ㉢

③ ㉠, ㉡, ㉣　　　　　　　　　④ ㉠, ㉣, ㉤

09 수형자 자치제에 관한 설명으로 옳지 않은 것을 모두 고른 것은?

> ㉠ 계호에 수반되는 인력 및 시설비용을 절감할 수 있다.
> ㉡ 소수의 힘 있는 수형자에 의해 대다수의 수형자가 억압·통제되는 폐단을 초래할 수 있다.
> ㉢ 우리나라는 개방처우급, 일반경비처우급 수형자를 대상으로 하고 있다.
> ㉣ 소장은 자치생활수형자에게 주 1회 이상 토론회를 할 수 있도록 하여야 한다.

① ㉠, ㉡　　　　　　　　　　　② ㉠, ㉢

③ ㉡, ㉢　　　　　　　　　　　④ ㉢, ㉣

10 현행법상 노역장 유치에 대한 설명으로 옳지 않은 것은? (다툼이 있는 경우 판례에 의함)

① 노역장 유치는 그 실질이 신체의 자유를 박탈하는 것으로서 징역형과 유사한 형벌적 성격을 가지므로 형벌불소급원칙의 적용대상이 된다.

② 벌금 또는 과료를 선고할 때에는 납입하지 아니하는 경우의 유치기간을 정하여 동시에 선고하여야 한다.

③ 과료를 납입하지 아니한 자는 1일 이상 30일 미만, 벌금을 납입하지 아니한 자는 1개월 이상 3년 이하의 기간 노역장에 유치하여 작업에 복무하게 한다.

④ 벌금을 선고하는 경우 벌금액이 50억원인 때에는 1,000일 이상의 유치기간을 정하여야 한다.

11 「교도작업의 운영 및 특별회계에 관한 법률」상 다음 설명에서 옳지 않은 것만을 모두 고른 것은?

> ⊙ 교도작업제품의 전시 및 판매를 위하여 필요한 시설을 설치·운영하거나 전자상거래로 교도작업제품을 판매할 수 있다.
> ⓛ 법무부장관은 교도작업으로 생산되는 제품의 종류와 수량을 회계연도 개시 2개월 전까지 공고하여야 한다.
> ⓒ 법무부장관은 민간기업이 참여할 교도작업의 내용을 해당기업체와 계약으로 정한다.
> ⓔ 특별회계는 교도소장이 운영 관리하며, 법무부장관의 감독을 받는다.
> ⓜ 특별회계의 결산상 잉여금은 다음 연도의 세입에 이입한다.

① ⊙, ⓛ, ⓒ 　　　　　　　② ⓛ, ⓒ, ⓔ

③ ⊙, ⓒ, ⓜ 　　　　　　　④ ⓛ, ⓔ, ⓜ

12 「형의 집행 및 수용자의 처우에 관한 법률」상 안전과 질서에 대한 설명으로 옳지 않은 것은?

① 교정시설의 장은 수용자의 신체적·정신적 질병으로 인하여 특별한 보호가 필요한 때에는 의무관의 의견을 고려하여 진정실에 수용할 수 있다.

② 전자영상장비로 거실에 있는 수용자를 계호하는 것은 자살 등의 우려가 큰 때에만 할 수 있다.

③ 교도관은 이송·출정, 그 밖에 교정시설 밖의 장소로 수용자를 호송할 때 수갑 및 포승을 사용 할 수 있다.

④ 교도관은 교정시설 안에서 자기 또는 타인의 생명·신체를 보호하기 위하여 급박하다고 인정되는 상당한 이유가 있으면 수용자 외의 사람에 대하여도 무기를 사용할 수 있다.

13 「형의 집행 및 수용자의 처우에 관한 법률 시행규칙」상 외부통근작업에 관한 설명으로 옳지 않은 것은?

> ㉠ 소장은 어떠한 경우에도 18세 이상 65세 미만이 아닌 자 또는 중경비처우급 수형자를 외부통근자로 선정할 수 없다.
> ㉡ 소장은 외부통근자가 법령에 위반되는 행위를 하거나 법무부장관 또는 소장이 정하는 지켜야 할 사항을 위반한 경우에는 외부통근자 선정을 취소하여야 한다.
> ㉢ 소장은 외부통근자로 선정된 수형자에 대하여는 자치활동·행동수칙·안전수칙·작업기술 및 현장적응훈련에 대한 교육을 하여야 한다.
> ㉣ 소장은 외부통근자의 사회적응능력을 기르고 원활한 사회복귀를 촉진하기 위하여 필요하다고 인정하는 경우에는 수형자 자치에 의한 활동을 허가할 수 있다.

① ㉠, ㉡   ② ㉡, ㉢
③ ㉢, ㉣   ④ ㉠, ㉣

14 현행법령상 귀휴자에 대한 조치에 관한 설명으로 옳지 않은 것은?

> ㉠ 소장은 3일 이상의 귀휴를 허가한 경우에는 귀휴를 허가받은 사람(이하 "귀휴자"라 한다)의 귀휴지를 관할하는 경찰관서의 장에게 그 사실을 통보하여야 한다.
> ㉡ 소장은 귀휴를 허가한 때에는 귀휴허가부에 기록하고 귀휴자에게 귀휴허가증을 발급할 수 있다.
> ㉢ 귀휴를 허가하는 경우 귀휴지에서 매일 1회 이상 소장에게 전화보고할 것을 조건으로 붙일 수 있다.
> ㉣ 소장은 귀휴자의 가족 또는 보호관계에 있는 사람으로부터 보호서약서를 제출받아야 한다.

① ㉠, ㉡   ② ㉡, ㉢
③ ㉢, ㉣   ④ ㉠, ㉣

15 다음 중 「형의 집행 및 수용자의 처우에 관한 법률」상 수용자가 지녀서는 아니 되는 물건으로 규정하고 있지 않은 것은?

> ㉠ 마약·총기·도검·폭발물·흉기·독극물, 그 밖에 범죄의 도구로 이용될 우려가 있는 물품
> ㉡ 줄·노끈·날카로운 도구, 그 밖에 자살 또는 자해의 도구로 이용될 우려가 있는 물품
> ㉢ 무인비행장치, 전자·통신기기, 그 밖에 도주나 다른 사람과의 연락에 이용될 우려가 없는 물품
> ㉣ 음란물, 사행행위에 사용되는 물품, 그 밖에 수형자의 교화 또는 건전한 사회복귀를 해칠 우려가 있는 물품

① ㉠, ㉡   ② ㉡, ㉢
③ ㉢, ㉣   ④ ㉠, ㉣

16 현행법상 형의 집행유예에 관한 설명으로 옳지 않은 것은?

① 3년 이하의 징역이나 금고 또는 500만원 이하의 벌금의 형을 선고할 경우 양형의 조건을 참작하여 그 정상에 참작할 만한 사유가 있는 때에는 1년 이상 5년 이하의 기간 형의 집행을 유예할 수 있다.

② 형을 병과할 경우에는 그 형의 일부에 대하여 집행을 유예할 수 있다.

③ 형의 집행을 유예하는 경우에는 보호관찰을 받을 것을 명하거나 사회봉사 또는 수강을 명할 수 있다.

④ 집행유예의 선고를 받은 자가 유예기간 중 고의로 범한 죄로 금고 이상의 실형을 선고받아 그 판결이 확정된 때에는 집행유예가 취소된다.

17 「형의 집행 및 수용자의 처우에 관한 법률 시행규칙」상 보호장비의 사용에 관한 설명으로 옳지 않은 것은?

> ㉠ 교도관은 규격에 맞지 아니한 보호장비를 긴급할 시 수용자에게 사용할 수 있다.
> ㉡ 소장은 보호장비 사용을 명령하거나 승인하는 경우에는 보호장비의 종류 및 사용방법을 구체적으로 지정하여야 하며, 이 규칙에서 정하지 아니한 방법으로 보호장비를 사용하게 해서는 아니 된다.
> ㉢ 수갑은 구체적 상황에 적합한 종류를 선택하여 사용할 수 있다. 다만, 일회용 수갑은 일시적으로 사용하여야 하며, 사용목적을 달성한 후에는 즉시 사용을 중단하거나 다른 보호장비로 교체하여야 한다.
> ㉣ 보호침대는 다른 보호장비로는 도주 · 자살 · 자해를 방지하기 어려운 특별한 사정이 있는 경우에만 사용하여야 한다.

① ㉠, ㉡ ② ㉡, ㉢

③ ㉢, ㉣ ④ ㉠, ㉣

18 현행법령상 무기의 종류별 사용요건에 관한 설명으로 옳지 않은 것은?

> ㉠ 교도관은 수용자가 폭동을 일으키거나 일으키려고 하여 신속하게 제지하지 아니하면 그 확산을 방지하기 어렵다고 인정되는 때에는 수용자에 대하여 권총 및 소총을 사용할 수 있다.
> ㉡ 교도관은 수용자가 다른 사람에게 중대한 위해를 끼치거나 끼치려고 하여 그 사태가 위급한 때에는 수용자에 대하여 기관총을 사용할 수 있다.
> ㉢ 교도관은 교정시설의 안에서 자기 또는 타인의 생명·신체를 보호하거나 수용자의 탈취를 지지하기 위하여 급박하다고 인정되는 상당한 이유가 있으면 수용자 외의 사람에 대하여 권총 및 소총을 사용하여야 한다.
> ㉣ 교도관은 교정시설의 안에서 건물 또는 그 밖의 시설과 무기에 대한 위험을 방지하기 위하여 급박하다고 인정되는 상당한 이유가 있고, 권총·소총만으로는 그 목적을 달성할 수 없다고 인정하는 경우에는 수용자 외의 사람에 대하여 기관총을 사용할 수 있다.

① ㉠, ㉡
② ㉡, ㉢
③ ㉢, ㉣
④ ㉠, ㉣

19 「보호소년 등의 처우에 관한 법률」에서 규정된 보호장비에 해당하는 것만을 모두 고른 것은?

> ㉠ 수갑 ㉡ 포승
> ㉢ 가스총 ㉣ 전자충격기
> ㉤ 보호대 ㉥ 발목보호장비

① ㉠, ㉡, ㉢
② ㉡, ㉣, ㉤
③ ㉠, ㉡, ㉢, ㉣, ㉤
④ ㉠, ㉢, ㉣, ㉤, ㉥

20 소년보호사건 처리절차에 대한 설명으로 옳은 것은?

① 소년이 소년분류심사원에 위탁된 경우 보조인이 없을 때에는 법원은 소년 본인이나 보호자의 신청에 따라 변호사 등 적정한 자를 보조인으로 선임할 수 있다.
② 소년부 판사는 사건을 조사 또는 심리하는 데에 필요하다고 인정하면 소년의 감호에 관하여 결정으로써 보호자나 소년을 보호할 수 있는 적당한 자 또는 병원이나 소년분류심사원에 위탁하는 조치를 할 수 있다.
③ 소년부가 심리한 결과 12세 소년이 금고 이상의 형에 해당하는 범죄를 범하여 형사처분을 할 필요가 있다고 인정하면 결정으로써 사건을 관할 검찰청 검사에게 송치하여야 한다.
④ 소년부 판사는 심리과정에서 소년에게 피해자와의 화해를 권고할 수 있으며, 소년이 피해자와 화해하였을 경우에는 불처분결정으로 심리를 종결하여야 한다.

03 교정학 실전 모의고사

01 뒤르켐(Durkheim)의 사회사상과 범죄이론에 대한 설명으로 적절한 것은 모두 몇 개인가?

> ㉠ 근대 산업화과정에서 사회는 기계적(Mechanical) 사회에서 유기적(Organic) 사회로 급격하게 변동하였다.
> ㉡ 사회통합을 조절하는 기능이 약화되면, 사회구성원들이 자신의 행위를 통제하지 못하는 아노미(Anomie)라는 병리현상이 나타난다.
> ㉢ 사회병리의 대표적인 현상은 자살인데, 이는 개인적 문제라기보다는 사회통합의 정도와 관련되어 있다.
> ㉣ 자살은 아노미적 자살, 이기적 자살, 이타적 자살, 무동기 자살 네 가지 유형이 있는데, 이 가운데 아노미적 자살이 가장 큰 문제이다.
> ㉤ 어느 사회이든지 일정량의 범죄는 존재하는데, 이는 지극히 자연스러운 현상이다.
> ㉥ 20세기 범죄생태학, 긴장이론, 통제이론 등에 많은 영향을 미쳤다.

① 3개 　　　　　　　　　　　② 4개
③ 5개 　　　　　　　　　　　④ 6개

02 성격과 범죄관련성을 검사하는 방법 중 다음 [보기]의 설명이 지칭하는 것은?

> ┤ 보기 ├
> 비행성이 있는 성격과 그렇지 않은 성격을 구분하기 위한 수단으로 개발됐다. 세계적으로 많이 쓰이고 있는 14세 이상 정상인 대상의 성격측정 지필검사이다.

① MBTI 검사 　　　　　　　　② CPI 검사
③ 과제통각 검사 　　　　　　　④ 로르샤흐 검사

03 다음 중 깨진 유리창 이론(Broken Windows Theory)에 대한 설명으로 가장 옳지 않은 것은?

① 법률에 의한 범죄화와 범죄에 대한 대응을 중시한다.
② 종래의 형사정책이 범죄자 개인에 집중하는 개인주의적 관점을 취한다는 점을 비판하고, 공동체적 관점으로의 전환을 주장한다.
③ 경찰의 역할로서 지역사회의 물리적·사회적 무질서를 집중적으로 다룰 것을 강조한다.
④ 개인의 자유와 권리, 법의 지배라는 기본적 가치가 상실될 수 있다는 비판의 소지가 있다.

04 현행법상 수용자에 대한 징벌대상행위가 아닌 것은?

> ㉠ 그 밖에 시설의 안전과 질서유지를 위하여 법무부장관이 정하는 규율을 위반하는 행위
> ㉡ 수용생활의 편의 등 자신의 요구를 관철할 목적으로 자해하는 행위
> ㉢ 정당한 사유 없이 작업·교육·교화프로그램 등을 거부하거나 태만히 하는 행위
> ㉣ 그 밖에 수용자의 교화 또는 건전한 사회복귀를 해하는 행위

① ㉠, ㉡
② ㉡, ㉢
③ ㉢, ㉣
④ ㉠, ㉣

05 보호관찰대상자와 그 보호관찰기간이 바르게 연결되지 않은 것은?

① 형법상 보호관찰을 조건으로 형의 집행유예를 받은 자 - 집행을 유예한 기간이나, 다만 법원이 유예기간의 범위 내에서 보호관찰기간을 따로 정하는 경우에는 그 기간
② 전자장치 부착 등에 관한 법률상 강도범죄를 저지른 자로 강도범죄를 다시 범할 위험성이 있으며 금고 이상의 선고형에 해당하고 보호관찰명령의 청구가 이유 있다고 인정되는 자 - 2년 이상 5년 이하
③ 형법상 형의 선고를 유예하는 경우에 재범방지를 위하여 지도 및 원호가 필요한 자 - 1년
④ 소년법상 단기 보호관찰처분을 받은 자 - 2년

06 수형자 분류에 대한 설명으로 옳지 않은 것은?

① 우리나라에서는 1894년 갑오개혁으로 「징역표」가 제정되면서 수형자 분류사상이 처음으로 도입되었다고 한다.
② 수형자에 대한 분류는 1597년 네덜란드의 암스테르담 노역장에서 남녀혼거의 폐해를 막기 위하여 남자로부터 여자를 격리수용한 것에서부터 시작되었다고 한다.
③ 대인적 성숙도검사(I-Level)는 수형자를 지적 능력에 따라 분류하기 위해 사용하는 도구로서, 전문가의 도움 없이 교도관들이 분류심사에 활용할 수 있어 비용이 적게 든다는 장점이 있다.
④ 미네소타 다면적 인성검사(MMPI)는 인성에 기초한 수형자 분류방법으로서, 비정상적인 행동을 객관적으로 측정하기 위한 수단으로 만들어졌다.

07 직업훈련대상자 선정의 제한사유를 모두 고른 것은?

> ⊙ 15세 미만인 경우
> ⓛ 교육과정을 수행할 문자해독능력 및 강의이해능력이 부족한 경우
> ⓒ 징벌대상행위의 혐의가 있어 조사 중인 경우
> ⓔ 징벌집행 중인 경우

① ⊙, ⓛ ② ⊙, ⓛ, ⓒ
③ ⓛ, ⓔ ④ ⊙, ⓛ, ⓒ, ⓔ

08 「형의 집행 및 수용자의 처우에 관한 법령」상 수용자의 위생과 의료에 대한 설명으로 옳은 것으로만 묶은 것은?

> ⊙ 소장은 저수조 등 급수시설을 1년에 1회 이상 청소·소독하여야 한다.
> ⓛ 소장은 수용자가 위독한 경우에는 그 사실을 가족에게 지체 없이 알려야 한다.
> ⓒ 교정시설에 근무하는 간호사는 야간 또는 공휴일 등에 응급을 요하는 수용자에 대한 응급처치를 할 수 있다.
> ⓔ 소장은 19세 미만의 수용자와 계호상 독거수용자에 대하여는 1년 1회 이상 건강검진을 하여야 한다.
> ⓜ 소장은 수용자를 외부 의료시설에 입원시키거나 입원 중인 수용자를 교정시설로 데려온 경우에는 그 사실을 법무부장관에게 지체 없이 보고하여야 한다.

① ⊙, ⓛ, ⓒ ② ⓛ, ⓒ, ⓔ
③ ⓛ, ⓒ, ⓜ ④ ⓒ, ⓔ, ⓜ

09 현행법령상 징벌의 집행에 관한 설명으로 옳지 않은 것은?

> ⊙ 위원회가 징벌을 의결한 경우에는 이를 소장에게 즉시 통고하여야 하며, 소장은 통고를 받은 경우에는 징벌을 지체 없이 집행할 수 있다.
> ⓛ 소장은 수용자가 징벌처분을 받아 접견, 편지수수 또는 실외운동이 제한된 경우에는 그의 가족에게 그 사실을 알려야 한다. 다만, 수용자가 알리는 것을 원하지 아니하면 그러하지 아니하다.
> ⓒ 금치처분을 받은 사람에게는 그 기간 중 30일 이내의 공동행사 참가정지, 30일 이내의 접견제한이 함께 부과되나, 30일 이내의 실외운동 정지는 특별한 사유가 없는 한 함께 부과될 수 없다.
> ⓔ 소장은 실외운동 정지 및 금치의 징벌집행을 마친 경우에는 의무관에게 해당 수용자의 건강을 지체 없이 확인하게 하여야 한다.

① ⊙, ⓛ ② ⓛ, ⓒ
③ ⓒ, ⓔ ④ ⊙, ⓔ

10 「형의 집행 및 수용자의 처우에 관한 법률 시행규칙」상 가석방 적격심사 신청에 관한 설명으로 옳지 않은 것은?

> ㉠ 소장은 무기에 있어서는 20년, 유기에 있어서는 형기의 2분의 1을 지난 수형자로서 교정성적이 우수하고 뉘우치는 빛이 뚜렷하여 재범의 위험성이 없다고 인정하는 경우에는 분류처우위원회의 의결을 거쳐 가석방 적격심사 신청 대상자를 선정한다.
> ㉡ 소장은 수형자의 가석방 적격심사 신청을 위하여 대상자의 신원에 관한 사항, 범죄에 관한 사항, 보호에 관한 사항 등을 사전에 조사하여야 한다. 이 경우 특히 필요하다고 인정할 때에는 수형자, 가족, 그 밖의 사람과 면담 등을 할 수 있다.
> ㉢ 소장은 가석방 적격심사 신청 대상자를 선정한 경우 선정된 날부터 5일 이내에 위원회에 가석방 적격심사 신청을 하여야 한다.
> ㉣ 소장은 가석방이 허가되지 아니한 수형자에 대하여는 다시 가석방 적격심사 신청을 할 수 없다.

① ㉠, ㉡
② ㉡, ㉢
③ ㉢, ㉣
④ ㉠, ㉣

11 「형의 집행 및 수용자의 처우에 관한 법률 시행규칙」상 직업훈련에 대한 설명으로 옳지 않은 것은?

① 소장은 수형자가 직업훈련 대상자 선정요건을 갖춘 경우에도, 교육과정을 수행할 문자해독능력 및 강의이해능력이 부족한 경우 직업훈련 대상자로 선정하여서는 아니 된다.
② 소장은 소년수형자의 선도를 위하여 필요한 경우에는, 직업훈련 대상자 선정요건을 갖추지 못한 15세 미만의 수형자를 직업훈련 대상자로 선정하여 교육할 수 있다.
③ 소장은 훈련취소 등 특별한 사유가 있는 경우를 제외하고는 직업훈련 중인 수형자를 다른 교정시설로 이송해서는 아니 된다.
④ 직업훈련 직종선정 및 훈련과정별 인원은 법무부장관의 승인을 받아 소장이 정한다.

12 「형의 집행 및 수용자의 처우에 관한 법률」상 수용자가 '위력으로 교도관의 정당한 직무집행을 방해하는 때'에 사용할 수 있는 보호장비에 해당하는 것만을 모두 고른 것은?

> ㉠ 보호대(帶)
> ㉡ 보호복
> ㉢ 보호의자
> ㉣ 보호침대
> ㉤ 발목보호장비
> ㉥ 머리보호장비

① ㉠, ㉡, ㉢
② ㉠, ㉢, ㉤
③ ㉠, ㉡, ㉣, ㉥
④ ㉡, ㉢, ㉣, ㉤

13 현행법령상 기부금품의 접수 등에 관한 설명으로 옳지 않은 것은?

> ㉠ 소장은 기관·단체 또는 개인이 수용자의 교화 등을 위하여 교정시설에 자발적으로 기탁하는 금품을 받을 수 있다.
> ㉡ 소장은 기부금품을 접수하는 경우에는 기부한 기관·단체 또는 개인(이하 "기부자"에게 영수증을 발급하여야 한다. 다만, 익명으로 기부하거나 기부자를 알 수 없는 경우에는 그러하지 아니하다.
> ㉢ 소장은 기부자가 용도를 지정하여 금품을 기부한 경우에는 기부금품을 그 용도에 사용하여야 한다. 다만, 수용자의 교화 등을 위하여 다른 용도로 사용하는 것이 적합한 때에는 법무부장관의 승인을 받아 다른 용도로 사용할 수 있다.
> ㉣ 교정시설의 기부금품 접수·사용 등에 관하여 필요한 사항은 법무부령으로 정한다.

① ㉠, ㉡   ② ㉡, ㉢

③ ㉢, ㉣   ④ ㉠, ㉣

14 사형확정자의 수용에 대한 설명으로 옳지 않은 것은?

① 사형확정자는 독거수용하는 것이 원칙이지만 자살방지, 교육·교화프로그램, 작업 그 밖의 적절한 처우를 위하여 필요한 경우는 법무부령으로 정하는 바에 따라 혼거수용할 수 있다.

② 사형확정자가 수용된 거실은 참관할 수 없다.

③ 소장은 사형확정자의 심리적 안정 및 원만한 수용생활을 위하여 교육 또는 프로그램을 실시하거나 신청에 따라 작업을 부과할 수 있다.

④ 소장은 사형확정자의 심리적 안정과 원만한 수용생활을 위하여 필요하다고 인정하는 경우에는 월 4회 이내의 범위에서 전화통화를 허가할 수 있다.

15 「형의 집행 및 수용자의 처우에 관한 법령」상 소장이 개방처우급 혹은 완화경비처우급 수형자를 교정시설에 설치된 개방시설에 수용하기 위한 요건들에 해당하지 않는 것은?

① 형기가 2년 이상인 사람

② 범죄횟수가 3회 이하인 사람

③ 최근 1년 이내 징벌이 없는 사람

④ 중간처우를 받는 날부터 가석방 또는 형기종료 예정일까지 기간이 3개월 이상 2년 6개월 미만인 사람

16 구금제도에 관하여 바르게 설명하고 있는 것을 모두 고른 것은?

> ㉠ 펜실베니아제도는 퀘이커교도들의 감옥개량운동의 일환으로, 펜실베니아주에서 시행된 제도이다.
> ㉡ 펜실베니아제도는 모든 수용자의 독거를 전제로 한다.
> ㉢ 엘람 린즈는 재범방지에 있어서 교도작업의 역할을 중시하였다.
> ㉣ 오번제는 펜실베니아제의 엄정독거에 따른 폐해를 방지하는 데는 유리하나, 수용자의 노동력 착취수단을 제공한다는 비난이 있다.

① ㉠
② ㉠, ㉡
③ ㉠, ㉡, ㉢
④ ㉠, ㉡, ㉢, ㉣

17 「보호관찰 등에 관한 법률」상 설명 중 틀린 것은?

① 보호관찰대상자의 성적이 양호할 때에는 보호관찰이 임시해제될 수 있다.
② 임시해제 중에는 보호관찰을 하지 않기 때문에 보호관찰대상자의 준수사항에 대한 준수의무는 없다.
③ 임시해제결정을 받은 사람에 대하여 다시 보호관찰을 하는 것이 적절하다고 인정되면 임시해제결정을 취소할 수 있다.
④ 임시해제결정이 취소된 경우에는 그 임시해제기간을 보호관찰기간에 포함한다.

18 「형의 집행 및 수용자의 처우에 관한 법률」상 정의규정으로 옳지 않은 것으로만 된 것은?

> ㉠ "수형자"란 징역형·금고형·구류형·벌금형 또는 과료형의 선고를 받아 그 형이 확정된 사람을 말한다.
> ㉡ 미결수용자란 형사피의자 또는 형사피고인으로서 체포되거나 구속영장의 집행을 받지 않고 임시로 교정시설에 수용된 사람을 말한다.
> ㉢ 사형확정자란 사형의 선고를 받아 그 형이 확정되어 교정시설에 수용된 사람을 말한다.
> ㉣ 수용자란 수형자·미결수용자·사형확정자 등 법률과 적법한 절차에 따라 교도소·구치소 및 그 지소에 수용된 사람을 말한다.

① ㉠, ㉡
② ㉡, ㉢
③ ㉢, ㉣
④ ㉠, ㉣

19 「형의 집행 및 수용자의 처우에 관한 법률」상 교도소에 미결수용자를 수용할 수 있는 사유가 아닌 것은?

> ㉠ 관할 법원 및 검찰청 소재지에 구치소가 없는 때
> ㉡ 구치소의 수용인원이 정원을 훨씬 초과하여 정상적인 운영이 곤란한 때
> ㉢ 구치소장이 구치소의 수용관리를 위하여 필요하다고 판단한 때
> ㉣ 범죄의 증거인멸을 하려는 것이 확실히 입증되었을 때

① ㉠, ㉡   ② ㉡, ㉢

③ ㉢, ㉣   ④ ㉠, ㉣

20 「소년법」상 보호처분에 대한 설명으로 옳지 않은 것만을 고른 것은?

> ㉠ 사회봉사명령은 14세 이상의 소년에게만 할 수 있다.
> ㉡ 보호관찰처분을 하는 경우 2년 이내의 기간을 정하여 야간 등 특정 시간대의 외출을 제한
> 하는 명령을 보호관찰대상자의 준수사항으로 부과할 수 있다.
> ㉢ 장기로 소년원에 송치된 소년의 보호기간은 2년으로 한다. 다만, 소년부 판사는 보호관찰관
> 의 신청에 따라 결정으로써 1년의 범위에서 한 번에 한하여 그 기간을 연장할 수 있다.
> ㉣ 1개월 이내의 소년원 송치처분은 보호관찰관의 단기 보호관찰처분과 병합할 수 있다.
> ㉤ 보호처분이 계속 중일 때에 사건 본인에 대하여 새로운 보호처분이 있었을 때에는 그 처분
> 을 한 소년부 판사는 이전의 보호처분을 한 소년부에 조회하여 어느 하나의 보호처분을 취
> 소하여야 한다.

① ㉠, ㉡, ㉢   ② ㉠, ㉢, ㉤

③ ㉠, ㉣, ㉤   ④ ㉡, ㉢, ㉣

04 교정학 실전 모의고사

01 인간생태학과 사회해체이론에 대한 설명으로 가장 적절하지 않은 것은?

① 파크(Park)는 도시에 사는 사람들이 동·식물집단과 마찬가지로 유기적 통일성을 가지고 살아가고 있는 모습을 연구하고, 이를 인간생태학이라고 하였다.

② 버제스(Burgess)는 특정 도시의 성장은 도시 주변부에서 중심부로 동심원을 그리며 진행되는데, 그러한 과정에서 침입·지배·계승이 이루어진다고 하였다.

③ 쇼와 맥케이(Shaw & McKay)는 동심원을 형성한 도시 가운데 급격한 인구유입이 이루어진 전이지대에서 청소년비행 등 많은 문제를 발견하고, 이를 사회해체라고 하였다.

④ 샘슨(Sampson)은 사회해체된 지역의 문제를 해결하기 위하여 구성원 상호 간의 응집력이 강한 공동체를 만들어야 한다는 집합효율성이론을 제시하였다.

02 다음 [보기]의 행동주의 학습이론(Behavioral Learning Theory)에 관한 내용 중 옳고 그름의 표시 (O, X)가 모두 바르게 된 것은?

---| 보기 |--

㉠ 스키너(Skinner)는 조작적 조건화 실험을 통해 인간의 행동은 조절할 수 있다고 주장하였다.

㉡ 반두라(Bandura)는 보보인형(Bobo Doll) 실험을 통해 강화자극이 없더라도 관찰과 모방을 통해 학습될 수 있다고 보았다.

㉢ 반두라(Bandura)는 동기화를 세 가지 측면으로 구분하였는데, 타인의 행위가 강화되거나 처벌받는 것을 관찰함으로써 이루어지는 것을 외부강화라고 명명하였다.

㉣ 범죄행위는 비정상적 성격이나 도덕적 미성숙의 표현에서 시작되므로 무의식적인 성격이나 인지발달의 정도를 중시한다.

① ㉠(O) ㉡(O) ㉢(×) ㉣(×)

② ㉠(O) ㉡(O) ㉢(O) ㉣(O)

③ ㉠(O) ㉡(×) ㉢(O) ㉣(×)

④ ㉠(×) ㉡(×) ㉢(×) ㉣(×)

03 1세대 환경설계를 통한 범죄예방(CPTED) 전략을 활용한 범죄예방 방안으로 가장 거리가 먼 것은?

① CCTV 설치   ② 벽화 그리기

③ 출입구 단일화   ④ 시민방범순찰

04 다음 중 지방교정청장의 이송승인에 대한 설명으로 옳지 않은 것은?

> ㉠ 법무부장관은 이송승인에 관한 권한을 대통령령으로 정하는 바에 따라 지방교정청장에게 위임할 수 있다.
> ㉡ 지방교정청장은 수용시설의 공사 등으로 수용거실이 일시적으로 부족한 때에는 수용자의 이송을 승인할 수 있다.
> ㉢ 수용자의 교화 또는 건전한 사회복귀를 위하여 필요한 때에는 지방교정청장은 이송을 승인할 수 있다.
> ㉣ 지방교정청장의 이송승인은 관할 내외 이송으로 할 수 있다.

① ㉠, ㉡   ② ㉡, ㉢

③ ㉢, ㉣   ④ ㉠, ㉣

05 다음에 제시된 [보기 1]의 과밀수용 해소방안과 [보기 2]의 전략이 바르게 연결된 것으로만 묶인 것은?

⊣ **보기 1** ├

> ㉠ 교정 이전 단계에서 범죄자를 보호관찰, 가택구금, 배상처분 등 비구금적 제재로 전환시킴으로써 수용인구를 줄일 수 있다.
> ㉡ 검찰의 기소나 법원의 양형결정 시 수용능력과 현황에 관한 자료를 참고한다.
> ㉢ 별다른 대책 없이 증가되는 수용자만큼 더 수용시킬 수밖에 없다는 수용전략으로서 단기적으로 교정시설의 증설을 회피할 수 있다.
> ㉣ 일단 수용된 범죄자를 보호관찰부 가석방, 선시제도 등을 이용하여 새로운 입소자들을 위한 공간 확보를 위해서 그들을 형기종료 이전에 미리 출소시킨다.
> ㉤ 범죄인을 선별적으로 구금하여 교정시설 공간을 보다 효율적으로 운영하자는 내용으로서 전체적으로 상당한 범죄감소효과와 과밀수용을 해소할 수 있다.

⊣ **보기 2** ├

A. 정문정책 전략   B. 후문정책 전략
C. 선별적 무능화   D. 무익한 전략
E. 교정시설의 증설   F. 사법절차와 과정의 개선

① ㉠ - A, ㉡ - B   ② ㉡ - C, ㉢ - F

③ ㉢ - D, ㉣ - B   ④ ㉣ - E, ㉤ - C

06 「형의 집행 및 수용자의 처우에 관한 법률 시행령」상 금품전달에 관한 설명으로 옳지 않은 것은?

> ㉠ 소장은 수용자가 아닌 사람이 수용자에게 금품을 건네줄 것을 신청하는 경우에는 그의 성명·주소 및 수용자와의 관계를 확인하여야 한다.
> ㉡ 소장은 수용자에게 금품을 건네줄 것을 허가한 경우에는 그 금품을 보관하지 아니하고 해당 수용자에게 전달하여 사용하게 할 수 있다.
> ㉢ 수용자에게 건네주려고 하는 금품의 허가범위 등에 관하여 필요한 사항은 대통령령으로 정한다.
> ㉣ 소장은 수용자에게 건네줄 것을 허가한 물품은 검사할 필요가 없다고 인정되는 경우가 아니면 교도관으로 하여금 검사하게 하여야 한다. 이 경우 그 물품이 의약품인 경우에는 의무관으로 하여금 검사하게 하여야 한다.

① ㉠, ㉡
② ㉡, ㉢
③ ㉢, ㉣
④ ㉠, ㉣

07 「보호관찰 등에 관한 법률」상 보호관찰소 소속 공무원이 보호관찰 대상자에 대해 사용할 수 있는 보호장구가 아닌 것은?

① 수갑
② 포승
③ 보호복
④ 가스총

08 사이크스(Sykes)가 구분한 재소자의 역할 유형에 대한 설명으로 옳은 것은?

① 진짜 남자(real men) - 교도관의 부당한 처사에 저항하고 교도관에게 공격적 행위를 일삼는 자
② 중심인(centerman) - 교도관으로부터 특혜를 얻기 위해 교도관에게 아첨하고 교도관 편에 서는 자
③ 은둔자(retreatist) - 교정시설의 구금환경에 적응을 못하여 정신적으로 이상증세를 보이는 자
④ 상인(merchants) - 개인적 이득을 취하기 위해 교도관과 내통하고 동료를 배신하는 행위를 하는 자

09 「보호관찰 등에 관한 법률」상 보호관찰 대상자의 구인 및 유치에 대한 설명으로 옳은 것은?

① 보호관찰소의 장은 보호관찰 대상자가 일정한 주거가 없는 경우, 준수사항을 위반하였다고 의심할 상당한 이유가 있다는 이유만으로도 구인장을 발부받아 보호관찰 대상자를 구인할 수 있다.

② 보호관찰소의 장은 보호관찰 대상자를 긴급구인한 경우에는 즉시 관할 지방검찰청의 검사에게 신청하여 검사의 청구로 관할 지방법원 판사의 구인장을 발부받아야 한다.

③ 보호관찰소의 장은 법률에 따라 보호관찰 대상자를 구인하였을 때에는 계속 구금을 위한 구속영장을 청구한 경우를 제외하고는 구인한 때부터 48시간 이내에 석방하여야 한다.

④ 보호관찰소의 장은 유치허가를 받은 때부터 48시간 이내에 유치사유에 따른 신청을 하여야 한다.

10 형의 집행 및 수용자의 처우에 관한 법령상 수용자와 변호사 간의 접견에 관한 설명으로 옳지 않은 것은?

> ㉠ 미결수용자와 변호인 간의 접견은 시간과 횟수를 제한하지 아니한다.
> ㉡ 수용자가 형사사건 이외의 소송사건의 대리인인 변호사나 「형사소송법」에 따른 상소권회복 또는 재심청구사건의 대리인이 되려는 변호사와 접견하는 시간은 회당 60분으로 한다.
> ㉢ 수용자가 소송사건의 대리인인 변호사나 「형사소송법」에 따른 상소권회복 또는 재심청구사건의 대리인이 되려는 변호사와 접견하는 횟수는 월 4회로 하되, 이를 경비처우급별 접견 횟수에 포함시키지 아니한다.
> ㉣ 소장은 소송사건의 수 또는 소송내용의 복잡성 등을 고려하여 필요하다고 인정하면 접견시간대 외에도 접견을 하게 할 수 있고, 접견시간 및 횟수를 늘릴 수 있으며, 접견사무 진행에 현저한 장애가 발생한다고 판단하면 접견시간 및 횟수를 줄여야 한다.

① ㉠, ㉡   ② ㉡, ㉢

③ ㉢, ㉣   ④ ㉠, ㉣

11 「형의 집행 및 수용자의 처우에 관한 법률」상 교도작업에 대한 설명으로 옳은 것으로만 묶은 것은?

> ㉠ 1일의 작업시간(휴식·운동·식사·접견 등 실제 작업을 실시하지 않는 시간을 제외한다. 이하 같다)은 8시간을 초과할 수 없다. 다만, 취사·청소·간병 등 교정시설의 운영과 관리에 필요한 작업의 1일 작업시간은 12시간 이내로 한다.
> ㉡ 1주의 작업시간은 52시간을 초과할 수 없다. 다만, 수형자가 신청하는 경우에는 1주의 작업시간을 8시간 이내의 범위에서 연장할 수 있다.
> ㉢ 19세 미만 수형자의 작업시간은 1일에 8시간을, 1주에 40시간을 초과할 수 없다.
> ㉣ 공휴일·토요일과 그 밖의 휴일에는 작업을 부과하지 아니함이 원칙이다. 그러나 공공의 안전이나 공공의 이익을 위하여 긴급히 필요한 경우는 예외로 한다.

① ㉠, ㉡, ㉣   ② ㉠, ㉢

③ ㉡, ㉢, ㉣   ④ ㉠, ㉡, ㉢, ㉣

12 「형의 집행 및 수용자의 처우에 관한 법률」에 규정된 보호장비가 아닌 것은 몇 개인가?

> ㉠ 수갑 ㉡ 머리보호장비
> ㉢ 발목보호장비 ㉣ 보호대
> ㉤ 교도봉 ㉥ 보호의자
> ㉦ 보호침대 ㉧ 안면보호구
> ㉨ 포승 ㉩ 손목보호장비
> ㉪ 보호복 ㉫ 휴대식 금속탐지기

① 2개 ② 3개
③ 4개 ④ 5개

13 형의 집행 및 수용자의 처우에 관한 법률」상 전화통화에 관한 설명으로 옳지 않은 것은?

> ㉠ 수용자는 외부교통권으로서 교정시설의 외부에 있는 사람과 전화통화를 할 권리가 있으며, 전화통화에 소장의 허가를 요하지 아니한다.
> ㉡ 소장은 수용자가 전화통화를 할 때 통화내용의 청취 또는 녹음을 조건으로 붙일 수 없다.
> ㉢ 통화내용을 청취 또는 녹음하려면 사전에 수용자 및 상대방에게 그 사실을 알려 주어야 한다.
> ㉣ 전화통화의 허가범위, 통화내용의 청취·녹음 등에 관하여 필요한 사항은 법무부령으로 정한다.

① ㉠, ㉡ ② ㉡, ㉢
③ ㉢, ㉣ ④ ㉠, ㉣

14 현행법령상 임산부인 수용자의 처우에 관한 설명으로 옳지 않은 것은?

> ㉠ 소장은 수용자가 임신 중이거나 출산(출산에 한하며 유산 또는 사산을 제외한다)한 경우에는 모성보호 및 건강유지를 위하여 정기적인 검진 등 적절한 조치를 하여야 한다.
> ㉡ 위의 ㉠에서 "출산한 경우"란 출산 후 90일이 지나지 아니한 경우를 말한다.
> ㉢ 소장은 수용자가 출산하려고 하는 경우에는 외부의료시설에서 진료를 받게 하는 등 적절한 조치를 하여야 한다.
> ㉣ 소장은 임산부인 수용자에 대하여 필요하다고 인정하는 경우에는 교정시설에 근무하는 의사(공중보건의사를 포함한다)의 의견을 들어 필요한 양의 죽 등의 주식과 별도로 마련된 부식을 지급할 수 있으며, 양육유아에 대하여는 분유 등의 대체식품을 지급할 수 있다.

① ㉠, ㉡ ② ㉡, ㉢
③ ㉢, ㉣ ④ ㉠, ㉣

15 「민영교도소 등의 설치·운영에 관한 법률」에 관한 설명 중 틀린 것은 모두 몇 개인가?

> ㉠ 법무부장관은 필요하다고 인정하면 교정업무의 일부를 개인에게 위탁할 수 있다.
>
> ㉡ 법무부장관은 사전에 기획재정부장관과 협의하여 민영교도소 등을 운영하는 교정법인에 대하여 매년 그 민영교도소 등의 운영에 필요한 경비를 지급한다.
>
> ㉢ 교정법인은 민영교도소 등의 장 및 대통령령으로 정하는 직원을 임면할 때에는 지방교정청장의 승인을 받아야 한다.
>
> ㉣ 교정법인 이사의 과반수는 대한민국 국민이어야 하며, 이사의 5분의 1 이상은 교정업무에 종사한 경력이 5년 이상이어야 한다.
>
> ㉤ 교정법인은 민영교도소 등에 수용되는 자에게 특별한 사유가 있으면 수용을 거절할 수 있다.
>
> ㉥ 교정법인의 정관변경은 법무부장관의 인가를 받아야 한다.

① 1개   ② 2개

③ 3개   ④ 4개

16 현행법상 집행유예에 관한 설명으로 옳지 않은 것은?

① 집행유예의 선고를 받은 자가 유예기간 중 고의 또는 중과실로 금고 이상의 형의 선고를 받아 그 판결이 확정된 때에는 집행유예의 선고는 효력을 잃는다.

② 사회봉사명령 또는 수강명령은 집행유예기간 내에 이를 집행한다.

③ 집행유예의 선고를 받은 후 그 선고의 실효 또는 취소됨이 없이 유예기간을 경과한 때에는 형의 선고는 효력을 잃는다.

④ 보호관찰·사회봉사·수강을 조건으로 집행유예를 받은 자가 준수사항이나 명령을 위반하고 그 정도가 무거운 때에는 집행유예의 선고를 취소할 수 있다.

17 「치료감호 등에 관한 법률」상 치료감호에 대한 설명으로 옳지 않은 것은?

① 형법상의 강간죄, 강제추행죄, 준강간죄, 준강제추행죄 등은 치료감호대상 성폭력범죄의 범위에 해당한다.

② 피치료감호자가 70세 이상인 때에는 검사는 치료감호의 집행을 정지할 수 있다.

③ 법원은 공소제기된 사건의 심리결과 치료감호를 할 필요가 있다고 인정할 때에는 검사에게 치료감호 청구를 요구할 수 있다.

④ 치료감호와 형이 병과된 경우에는 형을 먼저 집행한다.

18 현행법상 사회봉사명령에 대한 설명으로 옳은 것을 모두 고른 것은? (다툼이 있으면 판례에 의함)

> ㉠ 형의 선고를 유예하거나 형의 집행을 유예하는 경우에 사회봉사를 명할 수 있다.
> ㉡ 집행유예를 선고하면서 사회봉사명령으로 일정액의 금전출연을 주된 내용으로 하는 사회공헌계획의 성실한 이행을 명하는 것은 허용되지 않는다.
> ㉢ 소년부 판사는 결정으로써 소년에 대한 독립된 보호처분으로 사회봉사명령을 부과할 수 있다.
> ㉣ 소년보호사건에서 12세 이상의 소년에 대하여는 단기 보호관찰과 사회봉사명령을 병합하여 처벌할 수 있다.
> ㉤ 소년법상 사회봉사명령은 200시간을 초과할 수 없으며 형법상의 사회봉사명령은 500시간을 초과할 수 없다.
> ㉥ 사회봉사명령 대상자가 1개월 이상 국외여행을 한 때에는 귀국한 후 30일 이내에 보호관찰관에게 그 사실을 신고하여야 한다.

① ㉠, ㉡, ㉣   ② ㉠, ㉣, ㉥
③ ㉡, ㉢, ㉤   ④ ㉢, ㉤, ㉥

19 현행법령상 수형자의 처우에 관한 설명으로 옳지 않은 것은?

> ㉠ 소장은 미결수용자로서 자유형이 확정된 사람에 대하여는 검사의 집행지휘서가 도달된 때부터 수형자로 처우할 수 있다.
> ㉡ 검사는 집행지휘를 한 날부터 7일 이내에 재판서나 그 밖에 적법한 서류를 소장에게 보내야 한다.
> ㉢ 수형자에 대한 처우는 교화 또는 건전한 사회복귀를 위하여 교정성적에 따라 상향조정될 수 있으며, 특히 그 성적이 우수한 수형자는 개방시설에 수용되어 사회생활에 필요한 적정한 처우를 받아야 한다.
> ㉣ 소장은 수형자의 교화 또는 건전한 사회복귀를 위하여 필요하면 교육학 · 교정학 · 범죄학 · 사회학 · 심리학 · 의학 등에 관한 학식 또는 교정에 관한 경험이 풍부한 외부전문가로 하여금 수형자에 대한 상담 · 심리치료 또는 생활지도 등을 하게 할 수 있다.

① ㉠, ㉡   ② ㉡, ㉢
③ ㉢, ㉣   ④ ㉠, ㉣

20 소년법상 보호처분에 대한 내용으로 옳은 것만을 모두 고른 것은?

> ㉠ 보호관찰관의 단기 보호관찰기간은 1년으로 한다.
> ㉡ 보호관찰관의 장기 보호관찰기간은 2년으로 한다. 다만, 소년부 판사는 보호관찰관의 신청에 따라 결정으로써 1년의 범위에서 한 번에 한하여 그 기간을 연장할 수 있다.
> ㉢ 보호자 또는 보호자를 대신하여 소년을 보호할 수 있는 자에게 감호위탁하는 기간은 3개월로 하되, 소년부 판사는 결정으로써 3개월의 범위에서 한 번에 한하여 그 기간을 연장할 수 있다. 다만, 소년부 판사는 필요한 경우에는 언제든지 결정으로써 그 위탁을 종료시킬 수 있다.
> ㉣ 단기로 소년원에 송치된 소년의 보호기간은 3개월을 초과할 수 없다.
> ㉤ 장기로 소년원에 송치된 소년의 보호기간은 2년을 초과할 수 없다.

① ㉠, ㉡, ㉢   ② ㉠, ㉡, ㉣
③ ㉠, ㉡, ㉤   ④ ㉢, ㉣, ㉤

05 교정학 실전 모의고사

01 다음 [보기] 중 밀러(Miller)가 하층계급 사람들의 중심적인 관심사항(Focal Concerns)으로 제시한 항목들만으로 묶인 것은?

| 보기 |

㉠ 자율성(Autonomy)
㉡ 악의성(Maliciousness)
㉢ 운명주의(Fatalism)
㉣ 부정성(Negativism)
㉤ 쾌락주의(Hedonism)
㉥ 자극(Excitement)
㉦ 영악함(Smartness)
㉧ 강인함(Toughness)
㉨ 비실리성(Non-utility)

① ㉠, ㉡, ㉦, ㉨
② ㉠, ㉢, ㉥, ㉧
③ ㉢, ㉤, ㉥, ㉨
④ ㉢, ㉤, ㉦, ㉧

02 발달범죄학의 주요이론에 대한 설명으로 적절한 것은 모두 몇 개인가?

㉠ 쏜베리(Thornberry)의 상호작용이론은 사회유대의 약화를 비행이 시작되는 출발점으로 보았다.
㉡ 패터슨(Patterson)은 비행청소년을 생애 지속형(Life Persistent)과 청소년기 한정형(Adolescent Limited)으로 구분하였다.
㉢ 모핏(Moffit)은 비행청소년이 되어가는 경로에 따라 조기 개시형(Early Starters)과 후기 개시형(Late Starters)으로 구분하였다.
㉣ 샘슨과 라웁(Sampson & Laub)의 생애과정이론은 사회유대이론과 사회학습이론을 결합한 합성이론이다.
㉤ 티틀(Tittle)의 통제균형이론은 타인으로부터 받는 통제와 자신이 행사하는 통제의 양이 균형을 이룰 때 순응이 발생하고 통제의 불균형이 비행과 범죄행위를 발생시킨다고 설명한다.

① 2개
② 3개
③ 4개
④ 5개

03 브랜팅햄(Brantingham)과 파우스트(Faust)가 제시한 범죄예방모델을 1차, 2차, 3차 예방활동의 순서대로 나열한 것은?

① 시민순찰 – 범죄예측 – 구금
② 이웃감시 – 특별예방 – 우범지역 순찰
③ 우범지역 순찰 – 비상벨 설치 – 재소자 교육
④ 비상벨 설치 – 이웃감시 – 구금

04 「형의 집행 및 수용자의 처우에 관한 법률 시행규칙」상 분류검사에 관한 설명으로 옳지 않은 것은?

⊙ 소장은 분류심사를 위하여 수형자의 인성, 지능, 적성 등의 특성을 측정·진단하기 위한 검사를 할 수 있다.
ⓒ 인성검사는 신입심사 대상자에 한하여 실시한다.
ⓒ 수형자가 일정한 사유로 분류심사가 유예된 때에는 인성검사를 하지 아니할 수 없다.
ⓔ 지능 및 적성검사는 집행할 형기가 형집행지휘서 접수일부터 1년 이상이고 나이가 35세 이하인 경우에 한다. 다만, 직업훈련 또는 그 밖의 처우를 위하여 특히 필요한 경우에는 예외로 할 수 있다.

① ⊙, ⓒ
② ⓒ, ⓒ
③ ⓒ, ⓔ
④ ⊙, ⓔ

05 수형자 A에 대한 가석방 서류가 12월 26일 9:00에 도달하였다면 소장은 A를 언제까지 가석방하여야 하는가?

① 12월 26일 14:00
② 12월 26일 21:00
③ 12월 27일 9:00
④ 12월 28일 9:00

06 현행법령상 갱생보호제도에 대한 설명으로 옳은 것은?

① 갱생보호는 「형의 집행 및 수용자의 처우에 관한 법률」에서 규정하고 있다.

② 갱생보호는 형의 집행이 종료하거나 면제되어 석방된 이후에만 가능한 조치이다.

③ 보호처분을 받은 자는 갱생보호의 대상이 될 수 없다.

④ 갱생보호 대상자가 친족 등으로부터 충분한 도움을 받을 수 있는 경우 갱생보호를 행하지 않는다.

07 「형의 집행 및 수용자의 처우에 관한 법률 시행규칙」상 부정기재심사를 실시할 수 있는 경우에 해당하는 것만을 모두 고른 것은?

> ㉠ 수형자를 징벌하기로 의결한 때
> ㉡ 수형자가 학사 학위를 취득한 때
> ㉢ 수형자가 지방기능경기대회에서 입상한 때
> ㉣ 수형자가 기능사 자격을 취득한 때
> ㉤ 수형자가 교정사고의 예방에 뚜렷한 공로가 있는 때
> ㉥ 수형자가 추가사건으로 벌금형이 확정된 때

① ㉠, ㉢
② ㉠, ㉡, ㉤
③ ㉡, ㉣, ㉤
④ ㉠, ㉡, ㉣, ㅂ

08 「형의 집행 및 수용자의 처우에 관한 법률」상 교육과 교화프로그램에 관한 설명으로 옳지 않은 것은?

> ㉠ 소장은 수형자가 건전한 사회복귀에 필요한 지식과 소양을 습득하도록 교육하여야 한다.
> ㉡ 소장은 「교육기본법」 제8조의 의무교육을 받지 못한 수형자에 대하여는 본인의 의사·나이·지식 정도, 그 밖의 사정을 고려하여 그에 알맞게 교육할 수 있다.
> ㉢ 소장은 위 ㉠, ㉡의 교육을 위하여 필요하면 수형자를 중간처우를 위한 전담교정시설에 수용하여 외부의 교육기관에 통학하게 하거나 위탁하여 교육받게 할 수 있다.
> ㉣ 소장은 수형자의 교정교화를 위하여 상담·심리치료, 그 밖의 교화프로그램을 실시하여야 한다.

① ㉠, ㉡
② ㉡, ㉢
③ ㉢, ㉣
④ ㉠, ㉣

09 「형의 집행 및 수용자의 처우에 관한 법률 시행규칙」상 직업훈련에 관한 설명으로 옳지 않은 것은?

> ㉠ 직업훈련 직종선정 및 훈련과정별 인원은 법무부장관의 승인을 받아 소장이 정한다.
> ㉡ 직업훈련 대상자는 소속기관의 수형자 중에서 소장이 선정한다. 다만, 집체직업훈련 대상자는 집체직업훈련을 실시하는 교정시설의 관할 지방교정청장이 선정한다.
> ㉢ 소장은 소년수형자가 석방 후 관련 직종에 취업할 의사가 없는 때에는 직업훈련 대상자로 선정해서는 아니 된다.
> ㉣ 지방교정청장은 직업훈련을 위하여 필요한 경우에는 수형자를 다른 교정시설로 이송할 수 있다.

① ㉠, ㉡   ② ㉡, ㉢
③ ㉢, ㉣   ④ ㉠, ㉣

10 현행법령상 귀휴허가 후의 조치에 관한 설명으로 옳지 않은 것은?

> ㉠ 소장은 수형자에게 귀휴를 허가한 경우 필요하다고 인정하면 교도관을 동행시킬 수 있다.
> ㉡ 소장은 귀휴자의 가족 또는 보호관계에 있는 사람으로부터 보호서약서를 제출받아야 한다.
> ㉢ 귀휴자의 여비는 국가가 지급하며, 귀휴 중 착용할 복장은 본인이 부담한다.
> ㉣ 소장은 귀휴자가 신청할 경우 작업장려금의 전부 또는 일부를 귀휴비용으로 사용하여야 한다.

① ㉠, ㉡   ② ㉡, ㉢
③ ㉢, ㉣   ④ ㉠, ㉣

11 「형의 집행 및 수용자의 처우에 관한 법률」 및 동법 시행령상 교도작업에 대한 설명으로 옳지 않은 것은?

① 소장은 수형자에게 작업을 부과하려면 죄명, 형기, 죄질, 성격, 범죄전력, 나이, 경력 및 수용생활태도, 그 밖의 수형자의 개인적 특성을 고려하여야 한다.
② 소장은 법무부장관이 정하는 바에 따라 작업의 종류, 작업성적, 교정성적, 그 밖의 사정을 고려하여 수형자에게 작업장려금을 지급할 수 있다.
③ 소장은 신청에 따라 작업이 부과된 수형자가 작업의 취소를 요청하는 경우에는 그 수형자의 의사, 건강 및 교도관의 의견 등을 고려하여 작업을 취소할 수 있다.
④ 소장은 19세 미만의 수형자에게 작업을 부과할 경우 추가적으로 정신적·신체적 성숙 정도, 교육적 효과 등을 고려하여야 한다.

12 교정시설의 안전과 질서에 대한 설명으로 옳지 않은 것은?

① 교도관은 수용자가 자살, 자해하려고 하는 때에 가스총이나 가스분사기와 같은 보안장비로 강제력을 행사할 수 있다.

② 교도관은 소장의 명령 없이 강제력을 행사해서는 아니 되지만, 명령을 받을 시간적 여유가 없을 경우에는 강제력 행사 후 소장에게 즉시 보고하여야 한다.

③ 교도관은 수용자가 정당한 사유 없이 작업이나 교육을 거부하는 경우에는 수갑, 포승 등의 보호장비를 사용할 수 있다.

④ 수용자의 진정실 수용기간은 24시간 이내로 하되, 소장은 특히 계속하여 수용할 필요가 있으면 의무관의 의견을 고려하여 연장할 수 있다.

13 「형의 집행 및 수용자의 처우에 관한 법률」상 수용자의 소지금지물품 중 소장이 수용자의 처우를 위하여 물품을 지니는 것을 허가할 수 있는 물품은?

① 마약·총기·도검·폭발물·흉기·독극물, 그 밖에 범죄의 도구로 이용될 우려가 있는 물품

② 무인비행장치, 전자·통신기기, 그 밖에 도주나 다른 사람과의 연락에 이용될 우려가 있는 물품

③ 주류·담배·화기·현금·수표, 그 밖에 시설의 안전 또는 질서를 해칠 우려가 있는 물품

④ 음란물, 사행행위에 사용되는 물품, 그 밖에 수형자의 교화 또는 건전한 사회복귀를 해칠 우려가 있는 물품

14 현행법령상 발목보호장비의 사용요건에 해당하지 않는 것은?

⊙ 이송·출정, 그 밖에 교정시설 밖의 장소로 수용자를 호송하는 때
ⓒ 도주·자살·자해 또는 다른 사람에 대한 위해의 우려가 있을 때
ⓒ 위력으로 교도관의 정당한 직무집행을 방해하는 때
ⓔ 교정시설의 설비·기구 등을 손괴하거나 그 밖에 시설의 안전 또는 질서를 해칠 우려가 큰 때

① ⊙, ⓒ   ② ⓒ, ⓒ
③ ⓒ, ⓔ   ④ ⊙, ⓔ

15 「민영교도소 등의 설치·운영에 관한 법률」에 대한 설명으로 옳은 것은?

① 법무부장관은 필요하다고 인정하면 교정업무를 모든 법인·단체 또는 그 기관이나 개인에게 위탁할 수 있다.

② 법무부장관은 교정업무를 포괄적으로 위탁하여 한 개 또는 여러 개의 교도소 등을 설치·운영하도록 하는 경우에는 법인·단체 또는 그 기관에게 위탁할 수 있으나, 개인에게는 위탁할 수 없다.

③ 민영교도소에 수용된 수용자가 작업하여 생긴 수입은 국고수입으로 한다.

④ 교정법인 이사는 대한민국 국민이어야 하며, 이사의 5분의 1 이상은 교정업무에 종사한 경력이 3년 이상이어야 한다.

16 현행법상 무기의 사용에 관한 설명으로 옳지 않은 것은?

┌───┐
│ ㉠ 교도관은 소장 또는 그 직무를 대행하는 사람의 명령을 받아 무기를 사용한다. 다만, 그 명령을 받을 시간적 여유가 없어도 명령을 받아야 한다.
│ ㉡ 무기를 사용하려면 공포탄을 발사하거나 그 밖에 적당한 방법으로 사전에 상대방에 대하여 이를 경고하여야 한다.
│ ㉢ 무기의 사용은 필요한 최소한도에 그쳐야 하며 최후의 수단이어야 한다.
│ ㉣ 교도관은 무기를 사용한 경우에는 소장에게 즉시 보고하고, 보고를 받은 소장은 그 사실을 관할 지방교정청장에게 즉시 보고하여야 한다.
└───┘

① ㉠, ㉡   ② ㉡, ㉢
③ ㉢, ㉣   ④ ㉠, ㉣

17 다음 중 「형의 집행 및 수용자의 처우에 관한 법률」상의 징벌에 해당하지 않는 것은?

┌───┐
│ ㉠ 경고   ㉡ 100시간 이내의 근로봉사
│ ㉢ 2개월 이내의 작업장려금 삭감   ㉣ 30일 이내의 작업정지
└───┘

① ㉠, ㉡   ② ㉡, ㉢
③ ㉢, ㉣   ④ ㉠, ㉣

18 「보호관찰 등에 관한 법령」상 '갱생보호 대상자에 대한 숙식제공'에 관한 설명으로 옳지 않은 것은?

① 숙식제공은 갱생보호시설에서 갱생보호 대상자에게 숙소·음식물 및 의복 등을 제공하고 정신교육을 하는 것으로 한다.
② 숙식을 제공한 경우에는 법무부장관이 정하는 바에 의하여 소요된 최소한의 비용을 징수할 수 있다.
③ 숙식제공기간의 연장이 필요하다고 인정되는 때에는 매회 6월의 범위 내에서 3회에 한하여 그 기간을 연장할 수 있다.
④ 숙식제공기간을 연장하고자 할 때에는 해당 갱생보호시설의 장의 신청이 있어야 한다.

19 보안관찰법상 보안관찰처분에 관한 설명으로 옳지 않은 것을 모두 고른 것은?

⊙ 보안관찰처분심의위원회는 위원장 1인과 6인의 위원으로 구성한다.
○ 보안관찰처분에 관한 결정은 보안관찰처분심의위원회의 의결을 거쳐 법무부장관이 행한다.
© 검사는 보안관찰처분심의위원회에 대하여 보안관찰처분의 취소 또는 기간의 갱신을 청구할 수 있다.
② 보안관찰처분의 기간은 보안관찰처분결정을 집행하는 다음 날부터 계산한다.

① ⊙, ○
② ⊙, ©
③ ○, ©
④ ©, ②

20 소년법상 보호사건에 대한 조사와 심리에 관한 설명으로 옳지 않은 것은?

① 소년부 또는 조사관이 범죄사실에 관하여 소년을 조사할 때에는 미리 소년에게 불리한 진술을 거부할 수 있음을 알려야 한다.
② 소년부 판사는 소년이 도망 또는 증거인멸의 우려가 있는 때에는 소환절차 없이 동행영장을 발부하여 소년의 신병을 확보할 수 있다.
③ 사건의 조사·심리를 위한 임시조치로서 소년분류심사원에 위탁하는 경우에 그 기간은 최장 2개월을 넘지 못한다.
④ 소년부 판사는 사안이 가볍다는 이유로 심리를 개시하지 아니한다는 결정을 할 때에는 소년에게 훈계하거나 보호자에게 소년을 엄격히 관리하거나 교육하도록 고지할 수 있다.

06 교정학 실전 모의고사

01 울프강(Wolfgang)과 페라쿠티(Ferracuti)의 폭력적 하위문화이론을 설명한 것으로 가장 옳지 않은 것은?

① 폭력적 하위문화에서 폭력은 불법적인 행동으로 간주되지 않는다.
② 폭력적 하위문화에서 폭력적 태도는 차별적 접촉을 통하여 형성된다.
③ 폭력적 하위문화라도 모든 상황에서 폭력을 사용하지는 않는다.
④ 폭력적 하위문화는 주류문화와 항상 갈등상태를 형성한다.

02 갓프레드슨(Gottfredson)과 허쉬(Hirschi)의 낮은 자기통제(low self-control)에 대한 설명으로 옳지 않은 것은?

① 폭력범죄부터 화이트칼라범죄에 이르기까지 모든 범죄를 낮은 자기통제의 결과로 이해한다.
② 순간적인 쾌락과 즉각적 만족에 대한 욕구가 장기적 관심보다 클 때 범죄가 발생한다.
③ 비효율적 육아와 부적절한 사회화보다는 학습이나 문화전이와 같은 실증적 근원에서 낮은 자기통제의 원인을 찾는다.
④ 자기통제가 결여된 자도 범죄기회가 주어지지 않는 한 범죄를 저지르지 않는다.

03 「형의 집행 및 수용자의 처우에 관한 법령」상 실외운동의 정지 또는 금치처분에 따른 실외운동의 제한에 관한 설명으로 옳지 않은 것은?

> ㉠ 소장은 금치처분을 받은 사람에게 원칙적으로 실외운동을 제한할 수 있다.
> ㉡ 소장은 금치처분을 받은 사람이 도주의 우려가 있거나 자해의 우려가 있어 필요하다고 인정하는 경우에는 건강유지에 지장을 초래하지 아니하는 범위에서 실외운동을 제한할 수 있다.
> ㉢ 금치처분을 받은 사람이 위력으로 교도관의 정당한 직무집행을 방해할 우려가 있는 경우에도 실외운동을 제한할 수 있다.
> ㉣ 소장은 금치처분을 받은 사람에게 실외운동을 제한하는 경우에도 매주 1회 이상은 실외운동을 허용하여야 하나, 독립된 징벌로 실외운동 정지처분을 받은 사람에게는 그 실외운동 정지기간 동안 실외운동을 허용하지 않을 수 있다.

① ㉠, ㉡
② ㉡, ㉢
③ ㉢, ㉣
④ ㉠, ㉣

04 범죄피해이론에 대한 설명으로 가장 적절하지 않은 것은?

① 일상활동이론은 범죄자와 피해자의 일상활동이 특정 시간과 공간에 걸쳐 중첩되는 양식을 고려하여 범죄피해를 설명한다.
② 생활양식·노출이론은 직장과 학교 등 직업적 활동과 여가활동을 포함한 매일의 일상적 활동이 범죄피해에 미치는 영향에 주목하였다.
③ 구조적-선택이론은 생활양식·노출이론과 집합효율성이론을 통합하여 기회이론의 의미를 심화시킨 이론이다.
④ 피해자-가해자 상호작용이론은 가해자와 피해자의 상호작용 등을 포함한 일련의 범죄피해의 전개과정에 주목했다.

05 「형의 집행 및 수용자의 처우에 관한 법률 시행규칙」상 가석방 적격심사 신청을 위한 사전조사에 관한 설명으로 옳지 않은 것은?

> ㉠ 사전조사 사항 중 신원에 관한 사항에는 건강상태, 정신 및 심리상태, 책임감 및 협동심, 경력 및 교육 정도, 노동능력 및 의욕, 교정성적, 작업장려금 및 작업상태, 그 밖의 참고사항은 제외된다.
> ㉡ 신원에 관한 사항에 대한 조사는 수형자를 수용한 날부터 1개월 이내에 하고, 그 후 변경할 필요가 있는 사항이 발견되거나 가석방 적격심사 신청을 위하여 필요한 경우에 한다.
> ㉢ 범죄에 관한 사항에 대한 조사는 수형자를 수용한 날부터 2개월 이내에 하고, 조사에 필요하다고 인정하는 경우에는 소송기록을 열람할 수 있다.
> ㉣ 보호에 관한 사항에 대한 조사는 수용한 날부터 3개월 이내에 하고, 그 후 변경된 사항이 있는 경우에는 지체 없이 그 내용을 변경하여야 한다.

① ㉠, ㉡   ② ㉡, ㉢
③ ㉢, ㉣   ④ ㉠, ㉣

06 「형의 집행 및 수용자의 처우에 관한 법률 시행규칙」상 분류심사의 제외 및 유예에 대한 설명으로 옳지 않은 것은?

① 징역형·금고형이 확정된 사람으로서 집행할 형기가 형집행지휘서 접수일부터 3개월 미만인 사람에 대해서는 분류심사를 하지 아니한다.
② 구류형이 확정된 사람에 대해서는 분류심사를 하지 아니한다.
③ 노역장 유치명령을 받은 사람에 대해서는 분류심사를 하지 아니한다.
④ 징벌대상행위의 혐의가 있어 조사 중이거나 징벌집행 중인 때에는 분류심사를 유예한다.

07 「형의 집행 및 수용자의 처우에 관한 법률」상 벌칙에 관한 설명으로 옳지 않은 것은?

> ⊙ 수용자가 소장의 허가 없이 무인비행장치, 전자·통신기기를 지닌 경우 1년 이하의 징역 또는 1천만원 이하의 벌금에 처한다.
> ⓛ 수용자가 주류·담배·화기·현금·수표를 지닌 경우 1년 이하의 징역 또는 1천만원 이하의 벌금에 처한다.
> ⓒ 소장의 허가 없이 교정시설 내부를 녹화·촬영한 사람은 1년 이하의 징역 또는 1천만원 이하의 벌금에 처한다.
> ⓔ 금지물품의 반입행위의 미수범은 벌하지 아니하나, 금지물품은 몰수할 수 있다.

① ⊙, ⓛ   ② ⓛ, ⓒ
③ ⓒ, ⓔ   ④ ⊙, ⓔ

08 「형의 집행 및 수용자의 처우에 관한 법령」상 작업에 대한 설명으로 옳은 것만을 모두 고른 것은?

> ⊙ 소장은 수용자거실을 작업장으로 사용해서는 아니 되지만, 수용자의 심리적 안정, 교정교화 또는 사회적응능력 함양을 위하여 특히 필요하다고 인정하면 작업장으로 사용할 수 있다.
> ⓛ 소장은 신입자가 환자이거나 부득이한 사정이 있는 경우가 아니면 수용된 날부터 3일 동안 신입자거실에 수용하여야 하며, 신입자거실에 수용된 사람에게는 작업을 부과할 수 있다.
> ⓒ 소장은 작업시간을 3시간 이상 연장하는 경우에는 수용자에게 주·부식 또는 대용식 1회분을 간식으로 지급할 수 있다.
> ⓔ 소장은 수형자가 일반경비처우급으로서 작업·교육 등의 성적이 우수하고 관련 기술이 있는 경우에는 교도관의 작업지도를 보조하게 할 수 있다.
> ⓜ 경비처우급에 따른 작업기준상 중경비처우급에 대하여는 필요시 구내작업이 가능하다.

① ⊙, ⓔ   ② ⊙, ⓒ, ⓔ
③ ⊙, ⓒ, ⓜ   ④ ⓛ, ⓒ, ⓜ

09 「범죄피해자 보호법」상 형사조정위원회에 대한 설명으로 옳지 않은 것은?

① 형사조정을 담당하기 위하여 각급 지방검찰청 및 지청에 형사조정위원회를 둔다.
② 형사조정위원회는 2명 이상의 형사조정위원으로 구성한다.
③ 형사조정위원은 형사조정에 필요한 법적 지식 등 전문성과 덕망을 갖춘 사람 중에서 관할 지방검찰청 또는 지청의 장이 미리 위촉한다.
④ 형사조정위원의 임기는 3년으로 하며, 연임할 수 있다.

10 다음은 수용자의 처우와 관련된 판례이다. 잘못된 것은?

① 수형자의 다른 종교집회 참석을 효율적 수용관리와 계호상의 어려움 등을 이유로 제한하는 것은 기본권의 본질을 침해하는 것이다.

② 미결수용자의 변호인 접견 시 교도관이 참여할 수 있도록 한 것은 신체구속을 당한 미결수용자에게 보장된 변호인의 조력을 받을 권리를 침해하는 것이어서 헌법에 위반된다.

③ 신문을 삭제한 후 수용자에게 구독하게 한 행위는 수용질서를 위한 청구인의 알 권리에 대한 최소한의 제한이라고 볼 수 있으므로, 청구인의 알 권리를 과도하게 침해하는 것은 아니다.

④ 수용자가 교도관의 감시·감독을 피하여 규율위반행위를 하는 것만으로는 단순히 금지규정에 위반되는 행위를 한 것에 지나지 아니할 뿐 위계에 의한 공무집행방해죄가 성립한다고 할 수 없다.

11 「형의 집행 및 수용자의 처우에 관한 법률」 제3조의 적용범위에 관한 설명으로 ( ) 안에 들어갈 말은?

> 이 법은 교정시설의 (㉠)와 교도관이 수용자를 (㉡)하고 있는 그 밖의 장소로서 교도관의 통제가 요구되는 공간에 대하여 적용한다.

	㉠	㉡		㉠	㉡
①	구내 및 구외	계호(戒護)	②	구내 및 구외	시찰(視察)
③	구내	계호(戒護)	④	구내	시찰(視察)

12 「형의 집행 및 수용자의 처우에 관한 법률 시행규칙」에서 보호장비의 사용을 일시해제 또는 완화할 수 있는 사유로 규정하고 있는 것이 아닌 것은?

① 목욕　　　　　　　　　② 용변
③ 접견　　　　　　　　　④ 치료

13 「형의 집행 및 수용자의 처우에 관한 법률」상 분리수용에 관한 설명으로 옳지 않은 것은?

⊙ 「형의 집행 및 수용자의 처우에 관한 법률」은 구분수용을 원칙으로 하나, 성별 또는 불가피한 사정으로 구분수용할 수 없는 경우에는 분리수용하도록 규정하고 있지 않다.
ⓛ 남성과 여성은 분리하여 수용한다.
ⓒ 수형자와 미결수용자를 같은 교정시설에 수용하는 경우에는 서로 분리하여 수용한다.
ⓔ 20세 이상의 수형자와 20세 미만의 수형자를 같은 교정시설에 수용하는 경우에는 서로 분리하여 수용한다.

① ⊙, ⓛ
② ⓛ, ⓒ
③ ⓒ, ⓔ
④ ⊙, ⓔ

14 미결수용자의 처우에 관한 내용 중 맞는 것은 모두 몇 개인가?

⊙ 미결수용자가 수용된 거실은 시찰할 수 없다.
ⓛ 미결수용자로서 자유형이 확정된 사람에 대하여는 검사의 집행지휘서가 도달된 때부터 수형자로 처우할 수 있다.
ⓒ 특히 필요한 경우에는 본인의 의사에 반하여 미결수용자의 두발을 짧게 깎을 수 있다.
ⓔ 미결수용자를 수용하는 시설의 설비 및 계호의 정도는 완화경비시설에 준한다.
ⓜ 범죄의 증거인멸을 방지하기 위하여 필요한 경우에는 미결수용자를 교도소에 수용할 수 있다.

① 1개
② 2개
③ 3개
④ 4개

15 「형의 집행 및 수용자의 처우에 관한 법률 시행령」상 수용자의 이송 및 호송에 관한 설명으로 옳지 않은 것은?

⊙ 지방교정청장의 수용자 이송 승인사유에는 교정시설의 안전과 질서유지를 위하여 긴급하게 이송할 필요가 있다고 인정되는 때도 포함된다.
ⓛ 지방교정청장의 이송 사유에 해당하는 경우에는 서울 지방교정청장은 대구 지방교정청 관할 교정시설로의 이송을 승인할 수 있다.
ⓒ 소장은 수용자를 다른 교정시설에 이송하는 경우에 의무관으로부터 수용자가 건강상 감당하기 어렵다는 보고를 받으면 이송을 중지하고, 그 사실을 이송받을 소장에게 알릴 필요는 없다.
ⓔ 수용자를 이송이나 출정(出廷), 그 밖의 사유로 호송하는 경우에는 수형자는 미결수용자와, 여성수용자는 남성수용자와, 19세 미만의 수용자는 19세 이상의 수용자와 각각 호송차량의 좌석을 분리하는 등의 방법으로 서로 접촉하지 못하게 하여야 한다.

① ⊙, ⓛ
② ⓛ, ⓒ
③ ⓒ, ⓔ
④ ⊙, ⓔ

16 회복적 사법(restorative justice)에 대한 설명으로 가장 적절하지 않은 것은?

① 피해자와 가해자의 합의와 조정을 강제한다.
② 전통적인 형사사법이 가해자 책임성을 지나치게 강조하면서 범죄로 인한 실질적인 피해에 대한 복구가 제대로 되지 못한 점을 비판한다.
③ 피해자의 상처를 진단하고 치유하는 과정이 형사절차에 반영되어야 한다고 주장한다.
④ 지역사회의 역할과 책임성을 강조한다.

17 보호관찰소장 A가 「보호관찰 등에 관한 법률」에 의거하여 보호관찰대상자 甲, 乙의 각 행위에 대하여 취할 수 있는 조치를 맞게 연결한 것은?

> ㉠ 甲은 준수사항에 위배하여 유흥업소에 출입하였다.
> ㉡ 乙은 준수사항에 위배하여 도박장에 출입하고 A의 소환에 불응하였다.

① ㉠ 경고, ㉡ 유치　　　　　　② ㉠ 경고, ㉡ 구인
③ ㉠ 구인, ㉡ 유치　　　　　　④ ㉠ 유치, ㉡ 구인

18 갱생보호제도에 관한 설명으로 옳지 않은 것은?

① 미국에서 갱생보호제도는 위스터(R. Wister)를 중심으로 한 「불행한 수형자를 돕는 필라델피아 협회」 등 민간단체를 중심으로 한 출소자 보호활동에서 출발하였다.
② 갱생보호사업을 하려는 자는 요건을 갖추어 법무부에 신고함으로써 갱생보호사업을 할 수 있다.
③ 갱생보호대상자는 형사처분 또는 보호처분을 받은 자이다.
④ 갱생보호의 목적을 효율적으로 달성하기 위하여 한국법무보호복지공단이 법인으로 설립되어 있다.

19 「전자장치 부착 등에 관한 법률」상 전자장치 부착에 대한 설명으로 옳지 않은 것은?

① 검사는 강도범죄로 징역형의 실형을 선고받은 사람이 그 집행을 종료한 후 8년 뒤 다시 강도범죄를 저지른 경우, 강도범죄를 다시 범할 위험성이 있다고 인정되는 때에는 부착명령을 법원에 청구할 수 있다.

② 전자장치 피부착자가 9일 간 국내여행을 하거나 출국할 때에는 미리 보호관찰관의 허가를 받아야 한다.

③ 보호관찰소의 장 또는 피부착자 및 그 법정대리인은 해당 보호관찰소를 관할하는 심사위원회에 부착명령의 임시해제를 신청할 수 있으며, 이 신청은 부착명령의 집행이 개시된 날부터 3개월이 경과한 후에 하여야 한다.

④ 만 19세 미만의 자에 대해서는 부착명령을 선고할 수 없다.

20 「형의 집행 및 수용자의 처우에 관한 법률」상 수용자가 지니는 물품 등에 관한 설명으로 옳지 않은 것은?

> ㉠ 수용자는 편지·도서, 그 밖에 수용생활에 필요한 물품을 법무부령에서 정하는 범위에서 지닐 수 있다.
> ㉡ 소장은 법무부장관이 정하는 범위를 벗어난 물품으로서 교정시설에 특히 보관할 필요가 있다고 인정하지 아니하는 물품은 수용자로 하여금 자신이 지정하는 사람에게 보내게 하거나 그 밖에 적당한 방법으로 처분하게 할 수 있다.
> ㉢ 소장은 수용자가 ㉡에 따라 처분하여야 할 물품을 상당한 기간 내에 처분하지 아니하면 폐기할 수 있다.
> ㉣ 수용자 외의 사람이 수용자에게 금품을 건네줄 것을 신청하는 때에는 소장은 수형자의 교화 또는 건전한 사회복귀를 해칠 우려가 있는 때와 시설의 안전 또는 질서를 해칠 우려가 있는 때에 해당하지 아니하면 허가할 수 있다.

① ㉠, ㉡
② ㉡, ㉢
③ ㉢, ㉣
④ ㉠, ㉣

07 | 교정학 실전 모의고사

01 사회학적 범죄이론과 범죄예방대책의 연결이 가장 적절하지 않은 것은?

	학자	범죄이론	범죄예방대책
①	샘슨(Sampson)과 동료들	집합효율성이론(Collective Efficacy Theory)	지역사회 구성원의 상호유대와 신뢰도 향상
②	메스너(Messner)와 로젠펠드(Rosenfeld)	제도적 아노미이론 (Institutional Anomie Theory)	경제적 안전망 제공
③	허쉬(Hirschi)	사회유대이론(Social Bond Theory)	개인과 사회 간의 연결 강화
④	레머트(Lemert)	낙인이론(Labeling Theory)	건전한 가정 양육환경 조성

02 다음 중 사이크스(Sykes)와 맛차(Matza)의 중화이론(Theory of Neutralization)에 대한 설명으로 가장 옳지 않은 것은?

① 법위반자는 때로는 위반행위가 단순히 자신의 잘못 때문만이 아니라 자신의 통제에서 벗어난 어쩔 수 없는 힘에 의한 결과였다고 생각한다.

② 범죄란 불법행위에 직면할 때 도덕적 고민을 해결하기 위해 사회적으로 용인된 일정의 표준화된 기술을 학습하여 얻은 극복의 결과로 여긴다.

③ 훔친 물건은 잠시 빌리는 것뿐이며, 물건파손은 이미 쓸모없는 물건에 해를 입히는 것뿐이라고 여긴다.

④ 범죄란 사회의 문화적이고 제도적 영향의 결과로 바라본다.

03 범죄예방에 관한 설명으로 가장 적절하지 않은 것은?

① 상황적 범죄예방모델은 브랜팅햄(Brantingham)과 파우스트(Faust)의 범죄예방모델 중에서 2차적 범죄예방에 속한다.

② 깨진 유리창 이론(Broken Windows Theory)을 근거로 도출된 범죄예방모델에서는 무관용원칙을 중요시한다.

③ 랩(Lab)은 범죄예방의 개념을 '실제의 범죄발생 및 범죄두려움(fear of crime)을 제거하는 활동'이라 정의하고, 범죄예방은 범죄의 실질적인 발생을 줄이려는 정책과 일반시민이 범죄에 대하여 가지는 막연한 두려움과 공포를 줄여나가는 정책을 포함하여야 한다고 주장한다.

④ 제프리(Jeffery)가 제시한 범죄대책 중 범죄억제모델은 주로 형집행단계에서 특별예방의 관점을 강조하고 있다.

04 현행법령상 수형자의 경비처우급별 접견의 허용횟수 등에 관한 설명으로 옳지 않은 것은?

⊙ 개방처우급 수형자의 접견의 허용횟수는 1일 1회이다.

ⓛ 일반경비처우급 수형자의 접견의 허용횟수는 월 5회이며, 접견은 원칙적으로 1일 1회만 허용한다.

ⓒ 소장은 교화 및 처우상 특히 필요한 경우에는 수용자가 다른 교정시설의 수용자와 통신망을 이용하여 화상으로 접견하는 것(화상접견)을 허가할 수 있다. 이 경우 화상접견은 경비처우급별 접견의 허용횟수에 포함되지 아니한다.

ⓔ 소장은 개방처우급 수형자에 대하여는 법무부장관이 정하는 바에 따라 접촉차단시설이 설치된 장소 외의 적당한 곳에서 접견을 실시할 수 있다. 다만, 처우상 특히 필요하다고 인정하는 경우에는 그 밖의 수형자에 대하여도 이를 허용하여야 한다.

① ⊙, ⓛ   ② ⓛ, ⓒ
③ ⓒ, ⓔ   ④ ⊙, ⓔ

05 「형의 집행 및 수용자의 처우에 관한 법률」의 내용으로 옳지 않은 것은?

① 교정시설의 장은 법률이 정한 사유가 있는 수형자에게 5일 이내의 특별귀휴를 허가할 수 있다.

② 수형자가 소년교도소에 수용 중에 19세가 된 경우에도 교육·교화프로그램, 작업, 직업훈련 등을 실시하기 위하여 특히 필요하다고 인정되면 23세가 되기 전까지는 계속하여 수용할 수 있다.

③ 법무부장관은 교정시설의 운영, 교도관의 복무, 수용자의 처우 및 인권실태 등을 파악하기 위하여 매월 1회 이상 교정시설을 순회점검하거나 소속 공무원으로 하여금 순회점검하게 하여야 한다.

④ 법무부장관은 교정시설의 설치 및 운영에 관한 업무의 일부를 법인 또는 개인에게 위탁할 수 있다.

06 다음 중 「형의 집행 및 수용자의 처우에 관한 법률 시행규칙」상 전화통화 불허가사유가 아닌 것은?

> ㉠ 범죄의 증거를 인멸할 것으로 의심될 때
> ㉡ 형사법령에 저촉되는 행위를 할 우려가 있을 때
> ㉢ 「형사소송법」제91조 및 같은 법 제209조에 따라 접견·편지수수 금지결정을 하였을 때
> ㉣ 수신자가 수용자와의 관계 등에 대한 확인요청에 따르지 아니하거나 거짓으로 대답할 때

① ㉠, ㉡   ② ㉡, ㉢
③ ㉢, ㉣   ④ ㉠, ㉣

07 현행법령상 여성수용자의 유아의 양육에 관한 설명으로 옳지 않은 것은?

> ㉠ 여성수용자는 생모(生母) 또는 양모(養母) 등 법적으로 모자관계(母子關係)에 있는 경우에 한
>   하여 유아를 교정시설에서 양육할 것을 신청할 수 있다.
> ㉡ 유아의 양육신청이 있는 경우에 소장은 유아의 질병 등 일정한 불허가사유가 없는 한, 생후
>   18개월에 이르기까지 허가할 수 있다.
> ㉢ 소장은 유아의 양육을 허가한 경우에는 교정시설에 육아거실을 지정·운영하여야 한다.
> ㉣ 소장은 유아의 양육을 허가하지 아니하는 경우에는 수용자의 의사를 고려하여 유아보호에
>   적당하다고 인정하는 법인 또는 개인에게 그 유아를 보낼 수 있다.

① ㉠, ㉡   ② ㉡, ㉢
③ ㉢, ㉣   ④ ㉠, ㉣

08 현행 형집행법상 중간처우에 관한 설명으로 옳지 않은 것은?

> ㉠ 소장은 가석방 또는 형기종료를 앞둔 수형자 중에서 법무부령으로 정하는 일정한 요건을
>   갖춘 사람에 대해서는 가석방 또는 형기종료 전 일정 기간 동안 지역사회 또는 교정시설에
>   설치된 개방시설에 수용하여 사회적응에 필요한 교육, 취업지원 등의 적정한 처우를 하여야
>   한다.
> ㉡ 중간처우 대상자는 법무부장관이 특히 그 처우를 전담하도록 정하는 시설(전담교정시설)에
>   수용되며, 그 특성에 알맞은 처우를 받는다. 다만, 전담교정시설의 부족이나 그 밖의 부득
>   이한 사정이 있는 경우에는 예외로 할 수 있다.
> ㉢ 소장은 수형자의 교육을 위하여 필요하면 수형자를 중간처우를 위한 전담교정시설에 수용
>   하여 외부교육기관에의 통학 또는 외부교육기관에서의 위탁교육 등의 조치를 할 수 있다.
> ㉣ 소장은 징벌대상자가 증거를 인멸할 우려가 있는 때 또는 다른 사람에게 위해를 끼칠 우려
>   가 있거나 다른 수용자의 위해로부터 보호할 필요가 있는 때에는 접견·편지수수·전화통
>   화 등을 제한할 수 있다. 다만, 이 경우에도 중간처우는 제한할 수 없다.

① ㉠, ㉡   ② ㉡, ㉢
③ ㉢, ㉣   ④ ㉠, ㉣

09 재산형에 대한 설명으로 옳은 것만을 모두 고른 것은?

> ㉠ 500만원 이하의 벌금형이 확정된 벌금 미납자는 검사의 납부명령일부터 30일 이내(검사로부터 벌금의 일부납부 또는 납부연기를 허가받은 자는 그 허가기한 내)에 사회봉사를 신청할 수 있지만, 징역 또는 금고와 동시에 벌금을 선고받은 경우에는 사회봉사를 신청할 수 없다.
> ㉡ 과료의 선고를 받은 자가 그 일부를 납입한 때에는 과료액과 유치기간의 일수에 비례하여 납입금액에 상당한 일수를 제한다.
> ㉢ 형의 시효는 벌금형을 선고하는 재판이 확정된 후 그 집행을 받음이 없이 3년을 경과함으로 인하여 완성된다.
> ㉣ 1천만원 이하의 벌금의 형을 선고할 경우에 「형법」 제51조의 사항을 참작하여 그 정상에 참작할 만한 사유가 있는 때에는 1년 이상 5년 이하의 기간 형의 집행을 유예할 수 있다.
> ㉤ 사회봉사 집행 중에 벌금을 내려는 사회봉사 대상자는 보호관찰소의 장으로부터 사회봉사 집행확인서를 발급받아 주거지를 관할하는 지방검찰청의 검사에게 제출하여야 한다.

① ㉠, ㉡, ㉢

② ㉠, ㉡, ㉤

③ ㉠, ㉢, ㉣

④ ㉢, ㉣, ㉤

10 현행법령상 사회봉사·수강명령에 대한 설명으로 옳지 않은 것은? (다툼이 있는 경우 판례에 의함)

① 형의 집행을 유예하는 경우에는 보호관찰을 받을 것을 명하거나 사회봉사 또는 수강을 명할 수 있고, 사회봉사 또는 수강명령은 집행유예기간 내에 이를 집행한다.

② 「보호관찰 등에 관한 법률」상 법원은 「형법」에 따른 사회봉사를 명할 때에는 500시간, 수강을 명할 때에는 200시간의 범위에서 그 기간을 정하여야 하나, 다른 법률에 특별한 규정이 있는 경우에는 그 법률에서 정하는 바에 따른다.

③ 사회봉사·수강명령은 당해 대상자의 교화·개선 및 범죄예방을 위하여 필요하고도 상당한 한도 내에서 이루어져야 하므로, 보호관찰명령 없이 수강명령만 선고하는 경우에도 보호관찰대상자에 대한 특별준수사항을 수강명령대상자에게 그대로 적용하는 것이 허용된다.

④ 「성폭력범죄의 처벌 등에 관한 특례법」에 따라 병과하는 수강명령 또는 이수명령은 이른바 범죄인에 대한 사회 내 처우의 한 유형으로서 형벌 그 자체가 아니라 보안처분의 성격을 가지는 것이지만, 의무적 강의수강 또는 성폭력 치료프로그램의 의무적 이수를 받도록 함으로써 실질적으로는 신체적 자유를 제한하는 것이 된다.

11 현행법령상 다음에 제시된 괄호 안에 들어갈 숫자들의 합이 바른 것은?

> ㄱ. 경찰관서에 설치된 유치장에는 수형자를 (   )일 이상 수용할 수 없다.
> ㄴ. 개방처우급 수형자의 전화통화 허용횟수는 처우상 특히 필요한 경우를 제외하고는 월 (   )회 이내이다.
> ㄷ. 형의 선고를 유예하는 경우에 재범방지를 위하여 지도 및 원호가 필요한 때에는 (   )년간 보호관찰을 받을 것을 명할 수 있다.

① 34

② 36

③ 38

④ 40

12 다음 처우등급의 구분을 바르게 연결한 것을 모두 고르면?

> ㉠ 기본수용급: 성별·국적·나이·형기 등에 따라 수용할 시설 및 구획 등을 구별하는 기준
> ㉡ 경비처우급: 도주 등의 위험성에 따라 수용시설과 계호의 정도를 구별하고 범죄성향의 진전과 개선 정도, 교정성적에 따라 처우수준을 구별하는 기준
> ㉢ 중점처우급: 수형자의 개별적인 특성에 따라 중점처우의 내용을 구별하는 기준

① ㉠

② ㉠, ㉡

③ ㉡, ㉢

④ ㉠, ㉡, ㉢

13 현행법령상 수형자의 교육에 관한 설명으로 옳지 않은 것들은?

> ㉠ 소장은 교육대상자를 소속기관(소장이 관할하고 있는 교정시설)에서 선발하여 교육한다. 다만, 소속기관에서 교육대상자를 선발하기 어려운 경우에는 다른 기관에서 추천한 사람을 모집하여 교육하여야 한다.
> ㉡ 소장은 교육대상자의 성적불량, 학업태만 등으로 인하여 교육의 목적을 달성하기 어려운 경우에는 그 선발을 취소할 수 있다.
> ㉢ 교육대상자는 교육의 시행에 관한 관계법령, 학칙 및 교육관리지침을 성실히 지켜야 한다.
> ㉣ 교육을 실시하는 경우 소요되는 비용은 특별한 사정이 없는 한 교육대상자의 부담으로 하여서는 아니 된다.

① ㉠, ㉡

② ㉡, ㉢

③ ㉢, ㉣

④ ㉠, ㉣

14 「형의 집행 및 수용자의 처우에 관한 법률 시행규칙」상 직업훈련 대상자의 이송 등에 관한 설명으로 옳지 않은 것은?

> ⊙ 법무부장관은 직업훈련을 위하여 필요한 경우에는 수형자를 다른 교정시설로 이송할 수 있다.
> ⓛ 소장은 위 ⊙에 따라 이송된 수형자나 직업훈련 중인 수형자를 다른 교정시설로 이송해서는 아니 된다. 다만, 훈련취소 등 특별한 사유가 있는 경우에는 그러하지 아니하다.
> ⓒ 소장은 직업훈련 대상자가 징벌대상행위의 혐의가 있어 조사를 받게 된 경우에도 직업훈련을 중지 또는 보류하여서는 아니 된다.
> ⓔ 소장은 직업훈련이 보류된 수형자가 그 사유가 소멸되면 본래의 과정에 복귀시켜 훈련하여야 한다. 다만, 본래 과정으로 복귀하는 것이 부적당하다고 인정하는 경우에는 해당 훈련을 취소하여야 한다.

① ⊙, ⓛ   ② ⓛ, ⓒ

③ ⓒ, ⓔ   ④ ⊙, ⓔ

15 우리나라 가석방제도의 역사적 발전에 관한 설명으로 옳지 않은 것은?

① 고려·조선시대의 휼형(恤刑)제도는 가석방과 유사한 측면을 가지고 있었다.
② 1905년 형법대전에 규정된 보방(保放)규칙은 죄수를 일시석방할 수 있도록 하였다.
③ 1908년 형법대전은 종신형 수형자에 대해서는 가방(假放)을 불허하였다.
④ 미군정하에서 실시된 우량수형자석방령은 선시제(Good Time System)의 성격을 가진 것이다.

16 벌금 미납자의 사회봉사에 대한 설명으로 옳은 것은?

① 법원으로부터 200만원의 벌금형을 선고받고 벌금을 완납할 때까지 노역장에 유치할 것을 명받은 사람은 지방검찰청의 검사에게 사회봉사를 신청할 수 있다.
② 검사는 납부능력 확인을 위한 출석요구기간을 포함하여 피고인의 사회봉사신청일로부터 7일 이내에 사회봉사의 청구 여부를 결정해야 한다.
③ 사회봉사신청을 기각하는 검사의 처분에 대해 불복하는 자는 사회봉사신청을 기각한 검사가 소속한 지방검찰청에 상응하는 법원에 이의신청을 할 수 있다.
④ 법원은 사회봉사를 허가하는 경우 벌금 미납액에 의하여 계산된 노역장 유치기간에 상응하는 사회봉사기간을 산정하되, 산정된 사회봉사기간 중 1시간 미만은 1시간으로 집행한다.

17 보호관찰의 지도·감독 유형으로 올린(L.E. Ohlin)이 제시한 내용 중 지역사회 보호와 범죄자 보호 양쪽 사이에서 갈등을 가장 크게 겪는 보호관찰관의 유형은?

① 보호적 보호관찰관   ② 수동적 보호관찰관
③ 복지적 보호관찰관   ④ 중개적 보호관찰관

18 「전자장치 부착 등에 관한 법률」에 의할 때 검사가 성폭력범죄를 범한 자로서 성폭력범죄를 다시 범할 위험성이 있다고 인정되는 사람에 대하여 전자장치 부착을 청구할 수 없는 경우는?

① 강간죄로 전자장치를 부착받은 전력이 있는 사람이 다시 강간죄를 저지른 때
② 강간죄를 2회 범하여 그 습벽이 인정된 때
③ 강간죄로 징역형의 실형을 선고받은 사람이 그 집행을 종료한 후 12년 되는 해에 강간죄를 저지른 때
④ 16세인 사람을 강간한 자가 아직 18세인 때

19 범죄인처우모델(교정처우모델) 중 교화개선을 위한 모델과 가장 거리가 먼 것은?

① 의료모델(치료모델)   ② 경제모델(적응모델)
③ 재사회화모델(재통합모델)   ④ 정의모델(공정모델)

20 소년부 판사가 사건을 조사 또는 심리하는 데에 필요하다고 인정할 경우 소년의 감호에 관하여 결정으로써 할 수 있는 임시조치에 해당하지 않는 것은?

① 보호자에 위탁, 소년을 보호할 수 있는 적당한 자에 위탁

② 병원이나 그 밖의 요양소에 위탁

③ 소년분류심사원에 위탁

④ 소년원에 위탁

08 ‖ 교정학 실전 모의고사

01 낙인이론에 대한 평가로 가장 적절하지 않은 것은?

① 낙인이론에 관한 경험적 연구들은 개인이 독립적인 주체로서 낙인을 내면화하는 과정을 명확하게 실증하고 있다.

② 탄넨바움(Tannenbaum)은 악의 극화(Dramatization of Evil)라는 개념을 사용하여 범죄행위의 원인은 사회적으로 부여된 낙인의 결과라고 하였다.

③ 공식적 형사처벌의 긍정적 효과보다는 부정적 효과에 주목하였다.

④ 슈어(Schur)는 이차적 일탈로의 발전이 정형적인 것은 아니며, 사회적 반응에 대한 개인의 적응노력에 따라 달라질 수 있다고 주장하였다.

02 다음 중 갓프레드슨(Gottfredson)과 허쉬(Hirshi)의 자기통제이론에 대한 설명으로 가장 옳지 않은 것은?

① 낮은 자기통제력이 범죄의 원인이라는 입장이다.

② 고전주의학파의 범죄속성을 따르면서도 실증주의학파의 일반인과 다른 범죄자의 특성을 강조해 통합하고자 하였다.

③ 자기통제의 주요 개념으로 통제비율(control ratio)을 제시하였으며, 이는 통제가 결핍되면 약탈적 비행을 저지르는 경향이 높아진다는 입장이다.

④ 거시적인 사회구조의 측면을 고려하지 못했다는 지적이 있다.

03 조선시대 유형의 종류에 관한 설명이다. 바르지 않은 것은?

① 천사는 죄인을 1,000리 밖으로 강제이주시켜 일반양민과 동등한 생활을 유지하게 하는 형벌이다.

② 본향안치는 죄인을 그의 고향에 안치하는 형벌로서 은전적 차원에서 시행하였다.

③ 위리안치는 가옥 주위에 가시나무 울타리를 치고 외출을 통제하는 형벌이다.

④ 절도안치는 관원에 대하여 과하는 유형의 일종으로서 일정 지역을 지정하여 거주하게 하는 형벌이다.

04 멘델존과 헨티히의 피해자 유형에 대한 연구를 보완한 쉐이퍼(Schafer)가 제시한 범죄피해자 유형의 분류기준으로 가장 적절한 것은?

① 범죄피해 위험요인(Risk Factors)
② 피해자 책임공유(Shared Responsibility)
③ 피해자에 대한 비난(Victim Blaming)
④ 기능적 책임성(Functional Responsibility)

05 「형의 집행 및 수용자의 처우에 관한 법령」상 취업지원협의회에 관한 설명으로 옳지 않은 것은?

> ㉠ 수형자의 건전한 사회복귀를 지원하기 위하여 교정시설에 취업알선 및 창업지원에 관한 협의기구를 둔다.
> ㉡ 협의회는 회장 1명을 포함하여 3명 이상 5명 이하의 내부위원과 10명 이상의 외부위원으로 구성하고, 외부위원의 임기는 2년으로 하며, 연임할 수 없다.
> ㉢ 협의회의 회장은 소장이 되고, 부회장은 2명을 두되 1명은 소장이 내부위원 중에서 지명하고, 다른 1명은 외부위원 중에서 호선(選)한다.
> ㉣ 협의회의 회의는 반기마다 개최한다. 다만, 위원 3분의 1 이상의 요구가 있는 때에는 임시회의를 개최할 수 있다.

① ㉠, ㉡   ② ㉡, ㉢
③ ㉢, ㉣   ④ ㉠, ㉣

06 현행법상 수용자 등에 대한 신체검사에 관한 설명으로 옳지 않은 것은?

> ㉠ 교도관은 시설의 안전과 질서유지를 위하여 필요하면 수용자의 신체·의류·휴대품·거실 및 작업장 등을 검사하여야 한다.
> ㉡ 수용자의 신체를 검사하는 경우에는 불필요한 고통이나 수치심을 느끼지 아니하도록 유의하여야 하며, 특히 신체를 면밀하게 검사할 필요가 있으면 다른 수용자가 볼 수 없는 차단된 장소에서 하여야 한다.
> ㉢ 교도관은 시설의 안전과 질서유지를 위하여 필요하면 교정시설을 출입하는 수용자 외의 사람에 대하여 의류와 휴대품을 검사할 수 있다. 이 경우 출입자가 금지물품을 지니고 있으면 교정시설에 맡기도록 하여야 하며, 이에 따르지 아니하면 출입을 금지할 수 있다.
> ㉣ 여성의 신체·의류 및 휴대품에 대한 검사는 여성교도관이 하여야 한다. 다만, 여성교도관이 부족하거나 그 밖의 부득이한 사정이 있으면 그러하지 아니하다.

① ㉠, ㉡   ② ㉡, ㉢
③ ㉢, ㉣   ④ ㉠, ㉣

07 현행법령상 보호장비의 사용에 관한 다음 내용 중 ( ) 안에 들어갈 말을 모두 고르면?

> ( ) 착용 수용자의 목욕, 식사, 용변, 치료 등을 위하여 그 사용을 일시중지하거나 완화하는 경우를 포함하여 8시간을 초과하여 사용할 수 없으며, 사용중지 후 4시간이 경과하지 아니하면 다시 사용할 수 없다.

① 보호의자 · 보호침대
② 보호의자 · 보호침대 · 보호대
③ 보호의자 · 보호침대 · 보호복
④ 보호의자 · 보호침대 · 보호복 · 하체승

08 현행법령상 총기의 사용절차 및 총기교육 등에 관한 설명으로 옳지 않은 것은?

> ㉠ 교도관이 총기를 사용하는 경우에는 구두경고, 위협사격, 공포탄 발사, 조준사격의 순서에 따라야 한다. 다만, 상황이 긴급하여 시간적 여유가 없을 때에는 예외로 한다.
> ㉡ 소장은 소속 교도관에 대하여 연 2회 이상 총기의 조작 · 정비 · 사용에 관한 교육을 한다.
> ㉢ 총기교육을 받지 아니하였거나 총기조작이 미숙한 사람, 그 밖에 총기휴대가 부적당하다고 인정되는 사람에 대하여는 총기휴대를 금지하고, 총기휴대 금지자 명부에 그 명단을 기록한 후 총기를 지급할 때마다 대조 · 확인하여야 한다.
> ㉣ 총기휴대 금지자에 대하여 금지사유가 소멸한 경우에는 그 사유를 총기휴대 금지자 명부에 기록하고, 총기휴대 금지를 해제하여야 한다.

① ㉠, ㉡
② ㉡, ㉢
③ ㉢, ㉣
④ ㉠, ㉣

09 「형의 집행 및 수용자의 처우에 관한 법률」상 징벌의 부과에 관한 설명으로 옳지 않은 것은?

> ㉠ 30일 이내의 공동행사 참가정지와 30일 이내의 신문열람 제한 및 30일 이내의 텔레비전 시청제한의 처분은 함께 부과할 수 없다.
> ㉡ 수용자가 2 이상의 징벌사유가 경합하는 때 또는 징벌이 집행 중에 있거나 징벌의 집행이 끝난 후 또는 집행이 면제된 후 6개월 내에 다시 징벌사유에 해당하는 행위를 한 때에는 경고를 제외한 징벌의 장기의 2분의 1까지 가중할 수 있다.
> ㉢ 징벌은 동일한 행위에 관하여 거듭하여 부과할 수 없으며 행위의 동기 및 경중, 행위 후의 정황, 그 밖의 사정을 고려하여 수용목적을 달성하는 데에 필요한 최소한도에 그쳐야 한다.
> ㉣ 징벌사유가 발생한 날부터 3년이 지나면 이를 이유로 징벌을 부과하지 못한다.

① ㉠, ㉡
② ㉡, ㉢
③ ㉢, ㉣
④ ㉠, ㉣

10 「소년법」상 보호처분에 대한 설명으로 옳지 않은 것은?

① 보호자 위탁감호 처분기간은 6개월로 하되, 6개월의 범위에서 한 번에 한하여 그 기간을 연장할 수 있다.

② 사회봉사명령은 14세 이상의 소년을 대상으로 하며, 100시간을 초과할 수 없다.

③ 수강명령 및 사회봉사명령은 단기 보호관찰처분 또는 장기 보호관찰처분과 병합할 수 있다.

④ 「아동복지법」에 따른 아동복지시설이나 그 밖의 소년보호시설 위탁감호 처분기간은 6개월로 하되, 6개월의 범위에서 한 번에 한하여 그 기간을 연장할 수 있다.

11 「형의 집행 및 수용자의 처우에 관한 법령」상 징벌의 집행에 관한 설명으로 옳지 않은 것은?

⊙ 30일 이내의 각종 제한의 징벌집행 중인 수용자가 다른 교정시설로 이송되거나 법원 또는 검찰청 등에 출석하는 경우에는 징벌집행이 계속되는 것으로 본다.

ⓛ 소장은 징벌집행을 일시정지한 경우 그 정지사유가 해소되었을 때에는 지체 없이 징벌집행을 재개하여야 한다. 이 경우 집행을 정지한 다음 날부터 집행을 재개한 전날까지의 일수는 징벌기간으로 계산하지 아니한다.

ⓒ 수용자가 이송 중에 징벌대상행위를 하거나 다른 교정시설에서 징벌대상행위를 한 사실이 이송된 후에 발각된 경우에는 그 수용자를 인도한 소장이 징벌을 부과한다.

ⓔ 소장은 징벌집행 중인 수용자의 심리적 안정과 징벌대상행위의 재발방지를 위해서 교도관으로 하여금 징벌집행 중인 수용자에 대한 심리상담을 하게 할 수 있다.

① ㉠, ㉡   ② ㉡, ㉢

③ ㉢, ㉣   ④ ㉠, ㉣

12 수용자 甲은 입소하는 날 저녁 21:00경 자신이 구속된 것에 불만을 품고 갑자기 거실에 있는 식탁을 거실창문으로 집어 던지고 부서진 식탁다리를 손에 들고 거실에 설치되어 있는 텔레비전을 부수는 행위를 하고 있다. 현행법의 규정에 따라 甲에게 사용할 수 있는 보호장비로서 가장 적합하지 않은 것은?

① 수갑과 포승   ② 발목보호장비

③ 보호의자   ④ 보호침대

13 현행법령상 가석방의 절차에 관한 설명으로 옳지 않은 것은?

> ㉠ 가석방심사위원회는 재산에 관한 죄를 지은 수형자에 대하여는 특히 그 범행으로 인하여 발생한 손해의 배상 여부 또는 손해를 경감하기 위한 노력 여부를 심사할 수 있다.
> ㉡ 가석방심사위원회는 가석방 적격심사에 필요하다고 인정하면 수형자의 주소지 또는 연고지 등을 관할하는 시·군·구·경찰서, 그 밖에 학교·직업알선기관·보호단체·종교단체 등 관계기관에 사실조회를 할 수 있고, 위원이 아닌 판사·검사 또는 군법무관에게 의견을 묻거나 위원회에 참여시킬 수 있다.
> ㉢ 가석방심사위원회는 가석방 적격심사를 위하여 필요하다고 인정하면 심리학·정신의학·사회학 또는 교육학을 전공한 전문가에게 수형자의 정신상태 등 특정 사항에 대한 감정을 촉탁할 수 있다.
> ㉣ 가석방심사위원회는 가석방 허가에 따라 수형자를 가석방하는 경우에는 가석방자 교육을 하고, 지켜야 할 사항을 알려 준 후 증서를 발급하여야 한다.

① ㉠, ㉡   ② ㉡, ㉢
③ ㉢, ㉣   ④ ㉠, ㉣

14 「형의 집행 및 수용자의 처우에 관한 법률」상 출석의무 위반 등에 대한 벌칙으로 (   ) 안에 들어갈 말은?

> • 정당한 사유 없이 천재지변이나 그 밖의 재해로 일시석방 후, (㉠) 이내에 교정시설 또는 경찰관서에 출석하지 아니하는 행위를 한 수용자는 (㉡) 이하의 징역에 처한다.
> • 귀휴·외부통근, 그 밖의 사유로 소장의 허가를 받아 교도관의 계호 없이 교정시설 밖으로 나간 후에 정당한 사유 없이 기한까지 돌아오지 아니하는 행위를 한 수용자는 (㉢) 이하의 징역에 처한다.

① ㉠ 24시간 ㉡ 1년 ㉢ 1년
② ㉠ 24시간 ㉡ 2년 ㉢ 6개월
③ ㉠ 72시간 ㉡ 1년 ㉢ 1년
④ ㉠ 72시간 ㉡ 2년 ㉢ 6개월

15 가석방에 대한 설명으로 옳지 않은 것은?

① 형기에 산입된 판결선고 전 구금일수는 가석방에 있어서 집행을 경과한 기간에 산입한다.
② 가석방된 자는 가석방 기간 중 반드시 보호관찰을 받아야 하는 것은 아니다.
③ 징역 또는 금고의 집행 중에 있는 자에 대하여 행정처분으로 가석방을 하는 경우에 벌금 또는 과료의 병과가 있는 때에는 그 금액을 완납하여야 한다.
④ 가석방 기간은 무기형에 있어서는 15년으로 한다.

16 「벌금 미납자의 사회봉사 집행에 관한 특례법」에 대한 설명으로 옳지 않은 것은?

① 대통령령으로 정한 금액 범위 내의 벌금형이 확정된 벌금 미납자는 검사의 납부명령일부터 30일 이내에 주거지를 관할하는 지방검찰청(지방검찰청지청을 포함한다)의 검사에게 사회봉사를 신청할 수 있다. 다만, 검사로부터 벌금의 일부납부 또는 납부연기를 허가받은 자는 그 허가기한 내에 사회봉사를 신청할 수 있다.

② 사회봉사 대상자는 법원으로부터 사회봉사 허가의 고지를 받은 날부터 7일 이내에 사회봉사 대상자의 주거지를 관할하는 보호관찰소의 장에게 주거, 직업, 그 밖에 대통령령으로 정하는 사항을 신고하여야 한다.

③ 사회봉사는 1일 9시간을 넘겨 집행할 수 없다. 다만, 사회봉사의 내용상 연속집행의 필요성이 있어 보호관찰관이 승낙하고 사회봉사 대상자가 분명히 동의한 경우에만 연장하여 집행할 수 있다.

④ 사회봉사의 집행은 사회봉사가 허가된 날부터 6개월 이내에 마쳐야 한다. 다만, 보호관찰관은 특별한 사정이 있으면 검사의 허가를 받아 6개월의 범위에서 한 번 그 기간을 연장하여 집행할 수 있다.

17 다음 중 보호관찰심사위원회의 권한으로 바르게 설명된 것은?

① 심사위원회는 임시해제결정을 받은 사람에 대하여 다시 보호관찰을 하는 것이 적절하다고 인정되면 보호관찰소의 장의 신청에 의해서만 임시해제결정을 취소할 수 있다.

② 심사위원회는 보호관찰대상자의 성적이 양호할 때에는 보호관찰소의 장의 신청을 받거나 직권으로 보호관찰을 임시해제할 수 있다.

③ 심사위원회의 회의는 재적위원 과반수의 출석으로 개의하고, 출석위원 3분의 2 이상의 찬성으로 의결한다.

④ 심사위원회의 회의는 공개를 원칙으로 한다.

18 「전자장치 부착 등에 관한 법률」상 검사가 위치추적 전자장치 부착명령을 법원에 반드시 청구하여야 하는 경우는?

① 미성년자 대상 유괴범죄로 징역형의 실형 이상의 형을 선고받아 그 집행이 종료 또는 면제된 후 다시 미성년자 대상 유괴범죄를 저지른 경우

② 강도범죄를 2회 이상 범하여 그 습벽이 인정된 경우

③ 성폭력범죄로 징역형의 실형을 선고받은 사람이 그 집행을 종료한 후 또는 집행이 면제된 후 10년 이내에 성폭력범죄를 저지른 경우

④ 신체적 또는 정신적 장애가 있는 사람에 대하여 성폭력범죄를 저지른 경우

19 바톨라스(Bartollas)와 밀러(Miller)의 소년교정모델에 대한 설명으로 옳지 않은 것은?

① 의료모형(medical model) - 비행소년은 자신이 통제할 수 없는 요인에 의해서 범죄자로 결정되었으며, 이들은 사회적으로 약탈된 사회적 병질자이기 때문에 처벌의 대상이 아니라 치료의 대상이다.

② 적응모형(adjustment model) - 범죄자는 스스로 책임 있는 선택과 합법적인 결정을 할 수 없다. 그 결과, 현실요법, 환경요법 등의 방법이 처우에 널리 이용된다.

③ 범죄통제모형(crime control model) - 청소년도 자신의 행동에 대해서 책임을 져야 하므로, 청소년범죄자에 대한 처벌을 강화하는 것만이 청소년범죄를 줄일 수 있다.

④ 최소제한모형(least-restrictive model) - 비행소년에 대해서 소년사법이 개입하게 되면, 이들 청소년들이 지속적으로 법을 위반할 가능성이 증대될 것이다.

20 소년보호사건의 심리에 대한 설명으로 옳지 않은 것은?

① 심리는 친절하고 온화하게 하며, 공개를 원칙으로 한다.

② 소년부 판사는 적당하다고 인정되는 자에게 참석을 허가할 수 있다.

③ 소년부 판사는 심리기일을 변경할 수 있다.

④ 소년부 판사는 본인, 보호자, 참고인을 소환할 수 있다.

09 | 교정학 실전 모의고사

01 사회해체이론에 대한 설명으로 가장 적절하지 않은 것은?

① 사회해체(Social Disorganization)란 지역사회가 공동체의 문제해결을 위한 능력이 상실된 상태를 의미한다.

② 초기 사회해체이론은 사회해체의 개념을 명확히 측정하고 다수의 실증연구를 제시했다.

③ 사회해체이론에 기반한 대표적 정책은 시카고지역프로젝트(Chicago Area Project)가 있다.

④ 집합효율성이론, 환경범죄학, 깨진유리창이론은 사회해체이론을 계승·발전한 것이다.

02 사이크스(Sykes)와 마짜(Matza)가 제시한 중화의 기법과 사례의 연결이 가장 적절하지 않은 것은?

① 가해(손상)의 부인 : 타인의 재물을 횡령하면서 사후에 대가를 지불하면 아무런 문제가 없다고 주장하는 경우

② 충성심(상위가치)에 대한 호소 : 특수절도를 하는 과정에서 공범인 A, B와의 친분관계 때문에 의리상 어쩔 수 없었다고 주장하는 경우

③ 피해자의 부인 : 성범죄를 저지르면서 피해자가 야간에 혼자 외출하였기 때문에 발생한 것이라고 주장하는 경우

④ 비난자에 대한 비난 : 폭력을 행사하면서 어린 시절 부모로부터 학대를 당해 그럴 수밖에 없었다고 주장하는 경우

03 범죄피해에 관한 이론들의 내용으로 가장 적절하지 않은 것은?

① 생활양식·노출이론(Lifestyle-Exposure Theory)은 인구통계학적, 사회구조적 요인이 개인별 생활양식의 차이를 야기하고 이러한 생활양식의 차이가 범죄피해 가능성의 차이로 이어진다고 본다.

② 코헨(Cohen)과 펠슨(Felson)의 일상활동이론(Routine Activity Theory)은 사람들의 일상활동에 영향을 미친 사회변화에 관한 거시적 차원의 고찰이 없다는 비판을 받는다.

③ 코헨(Cohen)과 펠슨(Felson)의 일상활동이론(Routine Activity Theory)은 동기가 부여된 범죄자, 적합한 표적(범행대상), 보호(감시)의 부재라는 세 가지 요소가 합치할 때 범죄피해가 발생한다고 본다.

④ 펠슨(Felson)은 경찰과 같은 공식적 감시자의 역할보다 가족, 이웃, 지역사회 등 비공식적 통제수단에 의한 범죄예방과 억제를 강조하였다.

04 다음 중 정기재심사를 하여야 하는 경우는 몇 개인가?

> ㉠ 형기의 2분의 1에 도달한 때   ㉡ 형기의 3분의 2에 도달한 때
> ㉢ 형기의 4분의 3에 도달한 때   ㉣ 형기의 5분의 4에 도달한 때

① 0개   ② 1개
③ 2개   ④ 3개

05 다음 중 형의 집행 및 수용자의 처우에 관한 법률상 차별금지사유로 명시하고 있는 내용이 아닌 것만 고른 것은?

> ㉠ 성별   ㉡ 종교
> ㉢ 경제적 능력   ㉣ 지능

① ㉠, ㉡   ② ㉡, ㉢
③ ㉢, ㉣   ④ ㉠, ㉣

06 「형의 집행 및 수용자의 처우에 관한 법률 시행규칙」상 [보기 1]의 경비처우급과 [보기 2]의 작업기준을 바르게 연결한 것은?

> ┤ 보기 1 ├
> ㉠ 개방처우급   ㉡ 중(重)경비처우급
> ㉢ 완화경비처우급   ㉣ 일반경비처우급

> ┤ 보기 2 ├
> A. 개방지역작업 및 필요시 외부통근작업 가능
> B. 구내작업 및 필요시 개방지역작업 가능
> C. 외부통근작업 및 개방지역작업 가능
> D. 필요시 구내작업 가능

① ㉠ - A   ② ㉡ - C
③ ㉢ - D   ④ ㉣ - B

07 「전자장치 부착 등에 관한 법률」상 전자장치 부착명령에 대한 설명으로 옳지 않은 것은?

① 만 19세 미만의 자에 대하여 부착명령을 선고한 때에는 19세에 이르기까지 전자장치를 부착할 수 없다.

② 검사는 미성년자 대상 모든 유괴범죄자에 대하여 전자장치 부착명령을 법원에 청구하여야 한다.

③ 전자장치 부착명령은 검사의 지휘를 받아 보호관찰관이 집행한다.

④ 전자장치 부착명령의 임시해제신청은 부착명령의 집행이 개시된 날로부터 3개월이 경과한 후에 하여야 한다.

08 「형의 집행 및 수용자의 처우에 관한 법률」상 수용에 관한 다음 설명 중 옳지 않은 것은?

> ㉠ 수용자는 독거수용한다.
> ㉡ 처우상 독거수용은 주간에는 교육·작업 등의 처우를 위하여 일과(日課)에 따른 공동생활을 하게 하고, 휴업일과 야간에만 독거수용하는 것을 말한다.
> ㉢ 교도관은 처우상 독거수용자를 수시로 시찰하여 건강상 또는 교화상 이상이 없는지 살펴야 한다.
> ㉣ 소장은 원칙적으로 남성교도관이 야간에 수용자 거실에 있는 여성수용자를 시찰하게 하여서는 아니 되나, 특히 필요하다고 인정하는 경우에는 예외가 인정되지 않는다.

① ㉠, ㉡   ② ㉡, ㉢
③ ㉢, ㉣   ④ ㉠, ㉣

09 「형의 집행 및 수용자의 처우에 관한 법령」상 수형자 교육과 교화프로그램에 대한 설명으로 옳지 않은 것은?

① 소장은 「교육기본법」 제8조의 의무교육을 받지 못한 수형자의 교육을 위하여 필요하면 수형자를 중간처우를 위한 전담교정시설에 수용하여 외부 교육기관에의 통학, 외부 교육기관에서의 위탁교육을 받도록 할 수 있다.

② 소장은 수형자의 교정교화를 위하여 상담·심리치료, 그 밖의 교화프로그램을 실시하여야 하며, 수형자의 정서함양을 위하여 필요하다고 인정하면 연극·영화관람, 체육행사, 그 밖의 문화예술활동을 하게 할 수 있다.

③ 소장은 특별한 사유가 없으면 교육기간 동안에는 교육대상자를 다른 기관으로 이송할 수 없다.

④ 소장은 수형자에게 학위취득 기회를 부여하기 위하여 독학에 의한 학사학위 취득과정을 설치·운영할 수 있다. 이 교육을 실시하는 경우 소요되는 비용은 특별한 사정이 없으면 국가의 부담으로 한다.

10 「형의 집행 및 수용자의 처우에 관한 법률 및 동법 시행령」에서는 수용자의 수용 등 일정한 변동사항이 있는 경우에는 가족 등에게 알려야 한다. 이때 예외 없이 반드시 알려야 하는 경우로만 묶인 것은?

> ㉠ 신입자가 수용된 경우 또는 다른 교정시설로부터 이송된 경우
> ㉡ 수용자가 외부의료시설에서 진료받거나 치료감호시설로 이송된 경우
> ㉢ 징벌대상자에 대하여 접견, 편지수수 또는 전화통화를 제한하는 경우
> ㉣ 수용자가 위독한 경우
> ㉤ 수용자가 사망한 경우

① ㉠, ㉡   ② ㉡, ㉢
③ ㉢, ㉣   ④ ㉣, ㉤

11 「형의 집행 및 수용자의 처우에 관한 법률 시행규칙」상 전달금품의 허가에 관한 설명으로 옳지 않은 것은?

> ㉠ 소장은 수용자 외의 사람이 수용자에게 금원(金員)을 건네줄 것을 신청하는 경우에는 현금·수표 및 우편환의 범위에서 허가한다.
> ㉡ 수용자 외의 사람이 온라인으로 수용자의 예금계좌에 입금한 경우에는 금원을 건네줄 것을 허가한 것으로 본다.
> ㉢ 소장은 수용자 외의 사람이 수용자에게 음식물을 건네줄 것을 신청하는 경우에는 법무부장관이 정하는 바에 따라 교정시설 안에서 판매되는 음식물에 한하여 허가할 수 있으며, 교정시설 안에서 판매되는 음식물이 아닌 경우에는 허가해서는 아니 된다.
> ㉣ 소장은 수용자 외의 사람이 수용자에게 음식물 외의 물품을 건네줄 것을 신청하는 경우에 그 물품이 위화감을 조성할 우려가 있는 높은 가격의 물품인 때에는 허가해 줄 수 있다.

① ㉠, ㉡   ② ㉡, ㉢
③ ㉢, ㉣   ④ ㉠, ㉣

12 보호장비의 사용에 관한 내용 중 틀린 것은?

① 재판을 받기 위해 출정 중인 수용자를 도주하게 하려는 수용자 외의 사람에 대하여는 수갑과 포승을 사용하지 못한다.
② 소장은 의무관 또는 의료관계직원으로부터 보호장비 사용중지 의견을 보고 받았음에도 해당 수용자에 대하여 보호장비를 계속하여 사용할 필요가 있는 경우에는 의무관 또는 의료관계직원에게 건강유지에 필요한 조치를 취할 것을 명하고, 보호장비를 사용할 수 있다.
③ 하나의 보호장비로 목적을 달성할 수 없을 경우 둘 이상의 보호장비를 사용할 수 있다. 다만 보호의자와 보호침대는 그럴 수 없다.
④ 보호의자는 계속해서 8시간을 사용할 수 있다. 수용자의 치료, 목욕, 식사 등으로 보호의자를 일시중지하는 시간은 포함되지 않는다.

13 다음 중 「형의 집행 및 수용자의 처우에 관한 법률」상 수용자의 접견금지사유가 아닌 것을 모두 고른 것은?

> ㉠ 형사법령에 저촉되는 행위를 할 우려가 있는 때
> ㉡ 「형사소송법」이나 그 밖의 법률에 따른 접견금지의 결정이 있는 때
> ㉢ 범죄의 증거를 인멸할 우려가 있는 때
> ㉣ 수형자의 교화 또는 건전한 사회복귀를 해칠 우려가 없는 때

① ㉠, ㉡   ② ㉡, ㉢
③ ㉢, ㉣   ④ ㉠, ㉣

14 교정처우를 폐쇄형 처우, 개방형 처우, 사회형 처우로 구분할 때 개방형 처우에 해당하는 것만을 모두 고른 것은?

> ㉠ 주말구금   ㉡ 부부접견
> ㉢ 외부통근   ㉣ 보호관찰
> ㉤ 사회봉사명령   ㉥ 수형자 자치제

① ㉠, ㉡, ㉢   ② ㉠, ㉤, ㉥
③ ㉡, ㉢, ㉣   ④ ㉣, ㉤, ㉥

15 현행법령상 수용자의 전화통화에 관한 설명으로 옳지 않은 것은?

> ㉠ 소장은 전화통화를 허가하는 경우에 전화번호와 수신자를 확인하여서는 아니 된다.
> ㉡ 전화통화의 통화시간은 특별한 사정이 없으면 3분 이내로 한다.
> ㉢ 소장은 평일에 전화를 이용하기 곤란한 특별한 사유가 있는 수용자에 대해서는 전화이용시간을 따로 정할 수 있다.
> ㉣ 수용자 또는 수신자가 전화통화 내용의 청취·녹음에 동의하지 아니할 때에는 전화통화의 허가를 취소할 수 있다.

① ㉠, ㉡   ② ㉡, ㉢
③ ㉢, ㉣   ④ ㉠, ㉣

16 「벌금 미납자의 사회봉사 집행에 관한 특례법」 및 「동법 시행령」상 벌금 미납자의 사회봉사 집행에 대한 설명으로 옳은 것은?

① 징역 또는 금고와 동시에 벌금을 선고받은 사람은 사회봉사를 신청할 수 있다.

② 법원은 사회봉사를 허가하는 경우 벌금 미납액에 의하여 계산된 노역장 유치기간에 상응하는 사회봉사시간을 산정하여야 하나, 산정된 사회봉사시간 중 1시간 미만은 집행하지 아니한다.

③ 1,000만원의 벌금형이 확정된 벌금 미납자는 검사의 납부명령일부터 30일 이내에 검사에게 사회봉사를 신청할 수 있다.

④ 사회봉사대상자는 사회봉사의 이행을 마치기 전에는 벌금의 전부 또는 일부를 낼 수 없다.

17 다음 중 보호관찰에 관한 설명 중 맞는 것은?

① 보호관찰을 조건으로 형의 선고유예를 받은 자의 보호관찰기간은 2년으로 한다.

② 보호관찰에 관한 사무를 관장하기 위하여 법무부차관 소속하에 보호관찰소를 둔다.

③ 보호관찰에 관한 사항을 심사·결정하기 위하여 법무부장관 소속으로 보호관찰심사위원회를 둔다.

④ 보호관찰심사위원회는 사무처리를 위하여 보호관찰관을 둔다.

18 「전자장치 부착 등에 관한 법률」상 전자장치 부착 등에 대한 설명으로 옳은 것은?

① 전자장치 피부착자는 주거를 이전하거나 3일 이상의 국내여행 또는 출국할 때에는 미리 보호관찰관의 허가를 받아야 한다.

② 19세 미만의 사람에 대하여 성폭력범죄를 저지른 경우에는 전자장치 부착기간의 상한과 하한은 법률에서 정한 부착기간의 2배로 한다.

③ 검사는 성폭력범죄로 징역형의 실형을 선고받은 사람이 그 집행을 종료한 후 또는 집행이 면제된 후 15년 이내에 성폭력범죄를 저지르고, 성폭력범죄를 다시 범할 위험성이 있다고 인정되는 때에는 전자장치를 부착하도록 하는 명령을 법원에 청구할 수 있다.

④ 여러 개의 특정범죄에 대하여 동시에 전자장치 부착명령을 선고할 때에는 법정형이 가장 중한 죄의 부착기간 상한의 2분의 1까지 가중하되, 각 죄의 부착기간의 상한을 합산한 기간을 초과할 수 없다. 다만, 하나의 행위가 여러 특정범죄에 해당하는 경우에는 가장 중한 죄의 부착기간을 부착기간으로 한다.

19 소년보호의 원칙에 대한 설명으로 옳지 않은 것은?

① 인격주의는 소년을 보호하기 위하여 소년의 행위에서 나타난 개성과 환경을 중시하는 것을 말한다.

② 예방주의는 범행한 소년의 처벌이 아니라, 이미 범행한 소년이 더 이상 범죄를 범하지 않도록 하는 데에 있다.

③ 개별주의는 소년사건에서 소년보호조치를 취할 때 형사사건과 병합하여 1건의 사건으로 취급하는 것을 말한다.

④ 과학주의는 소년의 범죄환경에 대한 연구와 소년범죄자에게 어떤 종류의 형벌을 어느 정도 부과할 것인가에 대한 전문가의 활용을 말한다.

20 「소년법」상 소년부 판사가 취할 수 있는 임시조치로 옳지 않은 것은?

① 소년을 보호할 수 있는 적당한 자에게 1개월간 감호위탁

② 소년분류심사원에 3개월간 감호위탁

③ 요양소에 3개월간 감호위탁

④ 보호자에게 1개월간 감호위탁

10 교정학 실전 모의고사

01 사회해체이론에 관한 설명으로 가장 적절하지 않은 것은?

① 버식과 웹(Bursik & Webb)은 사회해체지역에서는 공식적인 행동지배규범이 결핍되어 있으므로, 비공식적인 감시와 지역주민에 의한 직접적인 통제가 어렵다고 주장하였다.

② 콘하우저(Kornhauser)는 사회해체가 진행된 지역에 비행하위문화가 형성되어야만 무질서 및 범죄가 발생된다고 주장하였다.

③ 쇼와 맥케이(Shaw & McKay)는 범죄율이 거주민의 인종 및 민족구성과 상관관계가 낮다고 주장하였다.

④ 샘슨(Sampson)은 집합효율성의 약화가 범죄율을 증가시킨다고 주장하였다.

02 모피트(Moffitt)의 발전이론과 관련성이 가장 적은 것은?

① 청소년기 한정형 범죄자 ② 거리효율성(Street Efficacy)
③ 성숙격차(Maturity Gap) ④ 생애지속형 범죄자

03 카티지제에 관한 설명으로 옳지 않은 것은?

① 기존의 대형화·집단화 행형에 대한 반성에서 비롯되었다.

② 1904년 뉴욕 주의 소년보호수용소에서 채택한 이래 점차 여자·소년·성인교도소로 확대되었다.

③ 가족적 분위기를 창출할 수 있다는 장점이 있는 반면, 독거제와 혼거제의 단점이 모두 나타날 수 있다는 문제점이 있다.

④ 과학적 분류제도의 완비가 전제될 때 실효성을 거둘 수 있다.

04 범죄대책과 예방에 관한 내용으로 가장 적절하지 않은 것은?

① 제프리(Jeffery)는 범죄예방이란 범죄발생 이전의 활동이며, 범죄행동에 대한 직접적 통제이며, 개인의 행동에 초점을 맞추는 것이 아니라 개인이 속한 환경과 그 환경 내의 인간관계에 초점을 맞춰야 하며, 인간의 행동을 연구하는 다양한 학문을 배경으로 하는 것이라고 하였다.

② 브랜팅햄과 파우스트(Brantingham & Faust)는 범죄예방을 1차적 범죄예방, 2차적 범죄예방, 3차적 범죄예방으로 나누었다.

③ 제프리(Jeffery)는 범죄예방모델로 범죄억제모델(Deterrent Model), 사회복귀모델(Rehabilitation Model), 환경공학적 범죄통제모델(Crime Control Through Environmental Engineering)을 제시하였으며, 세 가지 모델은 상충관계에 있다.

④ 랩(Lab)은 범죄예방의 개념을 실제의 범죄발생 및 시민의 범죄에 대해서 가지는 두려움을 제거하는 활동이라고 하였다.

05 「형의 집행 및 수용자의 처우에 관한 법률」상 여성수용자의 유아의 양육신청에 대하여 허가할 수 없는 사유가 아닌 것은?

> ㉠ 유아가 질병·부상, 그 밖의 사유로 교정시설에서 생활하는 것이 특히 적당하다고 인정되는 때
> ㉡ 수용자가 질병·부상, 그 밖의 사유로 유아를 양육할 능력이 없다고 인정되는 때
> ㉢ 교정시설에 감염병이 유행하거나 그 밖의 사정으로 유아양육이 특히 부적당한 때
> ㉣ 시설의 안전 및 질서를 해칠 우려가 있는 때

① ㉠, ㉡   ② ㉡, ㉢

③ ㉢, ㉣   ④ ㉠, ㉣

06 현행 형집행법 시행규칙상 중간처우에 관한 설명으로 옳지 않은 것은?

> ㉠ 개방처우급 또는 완화경비처우급 수형자에 한하여 중간처우 대상자로 지정될 수 있다.
> ㉡ 교정시설에 설치된 개방시설에 수용되는 중간처우 대상자는 형기가 3년 이상인 사람이거나, 범죄횟수가 2회 이하인 사람 또는 중간처우를 받는 날부터 가석방 또는 형기종료 예정일까지 기간이 3개월 이상 1년 6개월 이하인 사람 중의 하나이어야 한다.
> ㉢ 교정시설에 설치된 개방시설에 수용되는 중간처우 대상자의 요건에 해당하고, 범죄횟수가 1회이며, 중간처우를 받는 날부터 가석방 또는 형기종료 예정일까지의 기간이 1년 6개월 미만인 수형자는 지역사회에 설치된 개방시설에 수용되어 중간처우를 받을 수 있다.
> ㉣ 소장은 전문대학 위탁교육을 위하여 필요한 경우 수형자를 중간처우를 위한 전담교정시설에 수용할 수 있다.

① ㉠, ㉡   ② ㉡, ㉢

③ ㉢, ㉣   ④ ㉠, ㉣

07 형의 집행 및 수용자의 처우에 관한 법률 시행규칙에서 규정하고 있는 수형자 자치생활의 범위에 포함되지 않는 것은?

① 인원점검　　　　　　　　　　　② 취미활동
③ 일정한 구역 안에서의 생활　　　　④ 교도작업

08 현행법령상 접견제한사유를 모두 고른 것은?

> ㉠ 형사법령에 저촉되는 행위를 할 우려가 있는 때
> ㉡ 시설의 안전 또는 질서를 해칠 우려가 있는 때
> ㉢ 범죄의 증거를 인멸하려고 하는 때
> ㉣ 수형자의 교화 또는 건전한 사회복귀를 해칠 우려가 있는 때
> ㉤ 금지물품을 주고받으려고 하는 때

① ㉠, ㉡, ㉢, ㉣, ㉤　　　　　　　② ㉠, ㉡, ㉢
③ ㉠, ㉡, ㉣　　　　　　　　　　　④ ㉠, ㉡, ㉣, ㉤

09 「형의 집행 및 수용자의 처우에 관한 법률 시행규칙」상 교육대상자 선발 및 관리에 관한 설명으로 옳지 않은 것은?

> ㉠ 소장은 각 교육과정의 선정요건과 수형자의 나이, 학력, 교정성적, 자체 평가시험 성적, 정신자세, 성실성, 교육계획과 시설의 규모, 교육대상인원 등을 고려하여 교육대상자를 선발하거나 추천할 수 있다.
> ㉡ 소장은 정당한 이유 없이 교육을 기피한 사실이 있거나 자퇴(제적을 포함한다)한 사실이 있는 수형자는 교육대상자로 선발하거나 추천하지 아니할 수 있다.
> ㉢ 학과교육대상자의 과정수료 단위는 학년으로 하되, 학기의 구분은 국·공립학교의 학기에 준한다. 다만, 독학에 의한 교육은 수업일수의 제한을 받지 아니한다.
> ㉣ 소장은 교육을 위하여 필요한 경우에는 외부강사를 초빙할 수 있다. 다만, 교정시설의 보안 유지를 위하여 카세트 또는 재생전용기기의 사용을 허용해서는 아니 된다.

① ㉠, ㉡　　　　　　　　　　　　② ㉡, ㉢
③ ㉢, ㉣　　　　　　　　　　　　④ ㉠, ㉣

10 「형의 집행 및 수용자의 처우에 관한 법령」상 수용에 관한 설명 중 옳지 않은 것은?

① 혼거수용 인원은 3명 이상으로 한다. 다만, 요양이나 그 밖의 부득이한 사정이 있는 경우에는 예외로 한다.

② 교도관은 시찰결과, 계호상 독거수용자가 건강상 이상이 있는 것으로 보이는 경우에는 교정시설에 근무하는 의사(공중보건의사 포함)에게 즉시 알려야 하고, 교화상 문제가 있다고 인정하는 경우에는 소장에게 지체 없이 보고하여야 한다.

③ 소장은 수용자거실 앞에 이름표를 붙이되, 이름표 윗부분에는 수용자번호 및 입소일을 적고, 그 아랫부분에는 수용자의 성명·출생연도·죄명·형명 및 형기를 적되 윗부분의 내용이 보이지 않도록 하여야 한다.

④ 소장은 노역장 유치명령을 받은 수형자와 징역형·금고형 또는 구류형을 선고받아 형이 확정된 수형자를 혼거수용해서는 아니 된다. 다만, 징역형·금고형 또는 구류형의 집행을 마친 다음에 계속해서 노역장 유치명령을 집행하거나 그 밖에 부득이한 사정이 있는 경우에는 그러하지 아니하다.

11 「민영교도소 등의 설치·운영에 관한 법률」에 관한 설명으로 옳지 않은 것은?

① 법무부장관은 사전에 기획재정부장관과 협의하여 민영교도소 등을 운영하는 교정법인에 대하여 매년 그 교도소 등의 운영에 필요한 경비를 지급한다.

② 민영교도소 등에 수용된 수용자는 형집행법에 따른 교도소 등에 수용된 것으로 본다.

③ 교정법인은 위탁업무를 수행할 때 같은 유형의 수용자를 수용·관리하는 국가운영의 교도소와 동등한 수준의 교정서비스를 제공하여야 한다.

④ 민영교도소의 장이 무기를 사용하고자 하는 때에는 법무부장관이 민영교도소 등의 감독을 위하여 파견한 소속 공무원의 승인을 받아야 한다.

12 「형의 집행 및 수용자의 처우에 관한 법령」상 수용자의 수용에 관한 설명 중 가장 옳지 않은 것은?

① 소장은 다른 사람의 건강에 위해를 끼칠 우려가 있는 감염병에 걸린 사람의 수용을 거절하였으면 그 사유를 지체 없이 수용지휘기관과 관할 보건소장에게 통보하고 법무부장관에게 보고하여야 한다.

② 소장은 신입자 및 다른 교정시설로부터 이송되어 온 사람에 대하여 수용자의 교화 또는 건전한 사회복귀를 위하여 특히 필요하다고 인정하면 번호표를 붙이지 아니할 수 있다.

③ 지방교정청장은 교정시설의 안전과 질서유지를 위하여 긴급하게 이송할 필요가 있다고 인정되는 때에는 수용자의 이송(관할 내)을 승인할 수 있다.

④ 소장은 신입자 또는 다른 교정시설로부터 이송되어 온 사람이 있으면 그 사실을 수용자의 가족(배우자, 직계존속·비속, 형제자매) 또는 동거친족에게 지체 없이 통지하여야 한다.

13 현행법령상 집중근로에 따른 처우에 관한 설명으로 옳지 않은 것은?

> ⊙ 소장은 수형자의 신청에 따라 외부통근작업, 외부기관 또는 단체에서의 직업능력개발훈련,
>   그 밖에 집중적인 근로가 필요한 작업을 부과하는 경우에는 접견·전화통화·교육·공동행
>   사 참가 등의 처우를 제한할 수 있다.
> ⓛ "집중적인 근로가 필요한 작업"이란 수형자의 신청에 따라 1일 작업시간 중 접견·전화통
>   화·교육 및 공동행사 참가 등을 하지 아니하고, 휴게시간을 제외한 작업시간 내내 하는 작
>   업을 말한다.
> ⓒ 집중적인 근로가 필요한 작업으로 접견 또는 공동행사 참가를 제한한 때에는 휴일이나 그
>   밖에 해당 수용자의 작업이 없는 날에 접견 또는 공동행사 참가를 할 수 있게 하여야 한다.
> ② 소장은 집중적인 근로가 필요한 작업을 부과하거나 훈련을 받게 하기 전에 수형자에게 제
>   한되는 처우의 내용을 설명해 줄 수 있다.

① ⊙, ⓛ   ② ⓛ, ⓒ
③ ⓒ, ②   ④ ⊙, ②

14 「형의 집행 및 수용자의 처우에 관한 법률」상 미결수용자의 처우에 관한 설명으로 옳지 않은 것은?

> ⊙ 미결수용자는 무죄의 추정을 받으며 그에 합당한 처우를 받는다.
> ⓛ 미결수용자가 수용된 거실의 참관은 학술연구 등 정당한 이유를 명시하여 교정시설의 장의
>   허가를 얻은 경우에 한하여 허용된다.
> ⓒ 소장은 미결수용자로서 사건에 서로 관련이 있는 사람은 분리수용하고 서로 간의 접촉을
>   금지할 수 있다.
> ② 미결수용자는 수사·재판·국정감사 또는 법률로 정하는 조사에 참석할 때에는 사복을 착
>   용할 수 있다. 다만, 소장은 도주우려가 크거나 특히 부적당한 사유가 있다고 인정하면 교
>   정시설에서 지급하는 의류를 입게 할 수 있다.

① ⊙, ⓛ   ② ⓛ, ⓒ
③ ⓒ, ②   ④ ⊙, ②

15 현행법령상 수용자 등에 대한 신체검사, 거실 등에 대한 검사에 관한 설명으로 옳지 않은 것은?

> ㉠ 소장은 신체를 검사한 결과, 금지물품이 발견되면 형사법령으로 정하는 절차에 따라 처리할
> 물품을 제외하고는 교정시설에 보관하거나 수용자로 하여금 자신이 지정하는 사람에게 보
> 내게 한다. 다만, 수용자의 동의가 있는 경우에는 폐기할 수 있다.
> ㉡ 소장은 교도관에게 수용자의 거실, 작업장, 그 밖에 수용자가 생활하는 장소를 정기적으로
> 검사하게 할 수 있다.
> ㉢ 소장은 교도관에게 작업장이나 실외에서 수용자거실로 돌아오는 수용자의 신체·의류 및
> 휴대품을 검사하게 하여야 한다. 다만, 교정성적 등을 고려하여 그 검사가 필요하지 아니하
> 다고 인정되는 경우에는 예외로 할 수 있다.
> ㉣ 교도관 외의 사람은 「국가공무원 복무규정」 제9조에 따른 근무시간 외에는 소장의 허가 없
> 이 교정시설에 출입하지 못한다.

① ㉠, ㉡   ② ㉡, ㉢
③ ㉢, ㉣   ④ ㉠, ㉣

16 보안처분제도의 특징이 아닌 것은?

① 범죄위험성을 근거로 한다.
② 예방주의 내지 사회방위사상을 실현하기 위한 제도이다.
③ 자의적인 제재실행을 방지하기 위해 책임주의와 비례성의 원칙이 적용된다.
④ 행위자의 과거를 판단하는 것이 아니라, 행위자의 미래를 판단하는 제도이다.

17 「보호관찰 등에 관한 법률」상 보호관찰 대상자의 일반적인 준수사항에 해당하는 것만을 모두 고른 것은?

> ㉠ 주거지에 상주(常住)하고 생업에 종사할 것
> ㉡ 범죄행위로 인한 손해를 회복하기 위하여 노력할 것
> ㉢ 범죄로 이어지기 쉬운 나쁜 습관을 버리고 선행(善行)을 하며 범죄를 저지를 염려가 있는
> 사람들과 교제하거나 어울리지 말 것
> ㉣ 보호관찰관의 지도·감독에 따르고 방문하면 응대할 것
> ㉤ 주거를 이전(移轉)하거나 1개월 이상 국내외 여행을 할 때에는 미리 보호관찰관에게 신고할 것
> ㉥ 일정량 이상의 음주를 하지 말 것

① ㉠, ㉡, ㉢, ㉣   ② ㉠, ㉢, ㉣, ㉤
③ ㉡, ㉢, ㉣, ㉤, ㉥   ④ ㉠, ㉡, ㉢, ㉣, ㉤, ㉥

18 「전자장치 부착 등에 관한 법률」의 내용으로 옳지 않은 것은 모두 몇 개인가?

> ⊙ 검사는 미성년자 대상 유괴범죄로 징역형의 실형 이상의 형을 선고받아 그 집행이 종료 또는 면제된 후 다시 유괴범죄를 저지른 경우에는 전자장치 부착명령을 청구하여야 한다.
> ⓛ 검사는 살인범죄로 징역형의 실형 이상의 형을 선고받아 그 집행이 종료 또는 면제된 후 다시 살인범죄를 저지른 경우에는 전자장치 부착명령을 청구하여야 한다.
> ⓒ 부착명령은 검사의 지휘를 받아 보호관찰관이 집행한다.
> ⓔ 피부착자는 주거를 이전하거나 7일 이상의 국내여행을 하거나 출국할 때에는 미리 관할 경찰서장에게 신고하여야 한다.
> ⓜ 피부착명령자는 그 판결이 확정된 후 집행을 받지 아니하고 함께 선고된 특정 범죄사건의 형의 시효가 완성되면 그 집행이 종료된 것으로 본다.

① 1개 　　　　　　　　　　　　② 2개
③ 3개 　　　　　　　　　　　　④ 4개

19 소년범죄절차에 대한 설명이다. 거리가 먼 것은?

① 범죄소년에 대해서도 경찰서장은 직접 소년부 송치가 가능하다.
② 보호소년 조사 시 소년부 또는 조사관은 진술거부권을 고지하여야 한다.
③ 우범소년은 보호자가 직접 소년부에 통고할 수 있다.
④ 보호자 또는 사회복리시설의 장은 촉법소년을 소년부에 통고할 수 있다.

20 「형의 집행 및 수용자의 처우에 관한 법률 시행규칙」상 포승의 사용방법에 관한 설명으로 옳지 않은 것은?

> ⊙ 고령자·환자 등 도주의 위험성이 크지 아니 하다고 판단되는 수용자를 개별 호송하는 경우에는 간이승의 방법으로 할 수 있다.
> ⓛ 위 ⊙의 수용자 외의 수용자를 호송하는 경우나, 도주·자살·자해 또는 다른 사람에 대한 위해의 우려가 큰 때 등의 경우에는 상체승의 방법으로 한다.
> ⓒ 교정시설의 설비·기구 등을 손괴하거나 그 밖에 시설의 안전 또는 질서를 해칠 우려가 큰 때에 해당하는 경우에 위 상체승의 방법으로는 사용목적을 달성할 수 없다고 인정되면 하체승의 방법으로 한다. 이 경우 2개의 포승을 연결하여 사용해서는 아니 된다.
> ⓔ 포승을 사용하여 2명 이상의 수용자를 호송하는 경우에는 수용자 간에 포승을 연결하여 사용하여야 한다.

① ⊙, ⓛ 　　　　　　　　　　② ⓛ, ⓒ
③ ⓒ, ⓔ 　　　　　　　　　　④ ⊙, ⓔ

11 교정학 실전 모의고사

01 발달범죄이론에 대한 설명으로 가장 적절하지 않은 것은?

① 범죄자 삶의 궤적을 통해 범행의 지속 및 중단요인을 밝히는 데 관심을 둔다.

② 모피트(Moffitt)에 따르면, 청소년기 한정형(Adolescence-limited)은 신경심리학적 결함으로 각종 문제행동을 일으키는 경우가 많다고 하였다.

③ 샘슨과 라웁(Sampson & Laub)은 글룩(Glueck) 부부의 연구를 재분석하여 생애과정이론을 제시하였다.

④ 범죄경력을 중단하는 계기가 되는 중요한 사건으로는 결혼과 취업이 있다.

02 다음 중 현행 「스토킹범죄의 처벌 등에 관한 법률」상 신고를 받은 사법경찰관리가 즉시 현장에 나가서 취해야 할 응급조치로 가장 옳지 않은 것은?

① 스토킹행위의 제지

② 재발우려 시 임시조치를 신청할 수 있음을 통보

③ 스토킹행위자와 피해자 등의 분리

④ 피해자등이 동의한 경우, 스토킹 피해 관련 보호시설로의 피해자등 인도

03 [보기 1]의 수용자 구금제도와 [보기 2]의 설명이 바르게 연결된 것은?

┤ **보기 1** ├
㉠ 펜실베니아제   ㉡ 오번제
㉢ 엘마이라제   ㉣ 카티지제

┤ **보기 2** ├
ⓐ 대규모 수형자 자치제의 단점을 보완하기 위해 수형자를 소집단으로 처우하는 제도
ⓑ 수형자의 자력적 개선에 중점을 두며, 사회복귀프로그램의 동기부여 등 누진적 처우방법을 시도하는 제도
ⓒ 수형자의 개별처우의 적정을 기할 수 있고, 범죄적 악성오염을 예방하기 위한 제도
ⓓ 주간에는 작업에 종사하게 하고, 야간에는 독방에 수용하여 교화개선을 시도하는 제도

	㉠	㉡	㉢	㉣		㉠	㉡	㉢	㉣
①	ⓒ	ⓑ	ⓓ	ⓐ	②	ⓒ	ⓓ	ⓑ	ⓐ
③	ⓓ	ⓐ	ⓒ	ⓑ	④	ⓓ	ⓒ	ⓐ	ⓑ

04 다음 그림에 관한 설명으로 가장 적절하지 않은 것은?

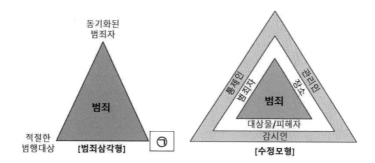

① 범죄삼각형은 일상활동이론(Routine Activity Theory)의 3요소가 시·공간에서 수렴했을 때 범죄가 발생한다는 것을 도식화한 것이다.

② 두 모형은 범죄문제 해결 및 예방을 위한 환경설계를 통한 범죄예방(CPTED) 및 상황적 범죄예방기법과 밀접한 관련이 있다.

③ ㉠에 대한 구체적 범죄예방기법으로는 소유물에 대한 표시, 출입문 잠금장치 및 방범창 설치, 금고의 활용 등이 있다.

④ 수정모형은 ㉠의 개념을 보다 구체화한 것으로 동기화된 범죄자를 사적으로 통제할 수 있는 통제인(handler), 장소와 시설을 관리할 수 있는 관리인(manager), 범행대상을 공·사적으로 보호할 수 있는 감시인(guardian)으로서의 역할을 강조하였다.

05 현행법상 교정시설 안에서의 재난 시 조치에 관한 설명으로 옳지 않은 것은?

㉠ 천재지변이나 그 밖의 재해가 발생하여 시설의 안전과 질서유지를 위하여 긴급한 조치가 필요하더라도 소장은 수용자로 하여금 피해의 복구나 그 밖의 응급용무를 보조하게 하면 안 된다.

㉡ 소장은 교정시설의 안에서 천재지변이나 그 밖의 사변에 대한 피난의 방법이 없는 경우에는 수용자를 다른 장소로 이송할 수 있다.

㉢ 소장은 이송이 불가능하면 수용자를 일시석방할 수 있다.

㉣ 재난으로 일시석방된 사람은 석방 후 48시간 이내에 교정시설 또는 경찰관서에 출석하여야 한다.

① ㉠, ㉡

② ㉡, ㉢

③ ㉢, ㉣

④ ㉠, ㉣

06 현행법령상 징벌의 부과에 관한 설명으로 옳지 않은 것은?

> ㉠ 다른 수용자를 교사(敎唆)하여 징벌대상행위를 하게 한 수용자에게는 그 징벌대상행위를 한 수용자에게 부과되는 징벌과 같은 징벌을 부과한다.
> ㉡ 다른 수용자의 징벌대상행위를 방조(幇助)한 수용자에게는 그 징벌대상행위를 한 수용자에게 부과되는 징벌의 2분의 1로 감경한다.
> ㉢ 둘 이상의 징벌대상행위가 경합하는 경우에는 각각의 행위에 해당하는 징벌 중 가장 중한 징벌의 2분의 1까지 가중하여야 한다.
> ㉣ 징벌대상행위에 대하여 조사하는 교도관이 징벌대상자 또는 참고인 등을 조사할 때에는 인권침해가 발생하지 아니하도록 유의하며, 조사의 이유를 설명하고 충분한 진술의 기회를 제공하여야 한다.

① ㉠, ㉡   ② ㉡, ㉢
③ ㉢, ㉣   ④ ㉠, ㉣

07 현행법령상 징벌의 집행순서에 관한 설명으로 옳지 않은 것은?

> ㉠ 금치와 그 밖의 징벌을 집행할 경우에는 순서대로 집행한다.
> ㉡ 작업장려금의 삭감과 경고는 금치와 동시에 집행할 수 있다.
> ㉢ 같은 종류의 징벌은 그 기간이 긴 것부터 집행한다.
> ㉣ 금치를 포함하여 두 가지 이상의 징벌을 집행할 경우에는 함께 집행할 수 있다.

① ㉠, ㉡   ② ㉡, ㉢
③ ㉢, ㉣   ④ ㉠, ㉣

08 현행법령상 가석방의 취소에 관한 설명으로 옳지 않은 것은?

⊙ 가석방의 처분을 받은 자가 감시에 관한 규칙을 위배하거나 보호관찰의 준수사항을 위반하고 그 정도가 무거운 때에는 소장이 가석방심사위원회에 가석방 취소심사를 신청하고, 가석방심사위원회의 의결을 거쳐 법무부장관의 결정에 의한다.

ⓒ 소장은 가석방을 취소하는 것이 타당하다고 인정하는 경우 긴급한 사유가 있을 때에는 위원회의 심사를 거치지 아니 하고 전화, 전산망 또는 그 밖의 통신수단으로 법무부장관에게 가석방의 취소를 신청할 수 있다.

ⓒ 가석방취소자 및 가석방실효자의 남은 형기기간은 가석방을 실시한 날부터 원래 형기의 종료일까지로 하고, 남은 형기 집행 기산일은 가석방의 취소 또는 실효로 인하여 교정시설에 수용된 날부터 한다.

ⓔ 가석방기간 중 형사사건으로 구속되어 교정시설에 미결수용 중인 자의 가석방 취소결정으로 남은 형기를 집행하게 된 경우에는 가석방된 형의 집행을 지휘하였던 검찰청 검사에게 남은 형기 집행지휘를 받아 우선 집행할 수 있다.

① ㉠, ㉡
② ㉡, ㉢
③ ㉢, ㉣
④ ㉠, ㉣

09 다음 소장의 조치 중 법령에 위반되는 것은 모두 몇 개인가?

⊙ 미결수용자가 입소하면서 자신이 수용된 사실을 가족에게 알리지 말아 달라고 하였음에도 수용사실을 그의 처에게 통지하였다.

ⓒ 18세인 신입수용자를 신입자 거실에 40일 동안 수용하였다

ⓒ 수용자의 심리적 안정을 위한다는 이유로 수용자 거실을 작업장으로 사용하였다.

ⓔ 집중폭우로 교정시설이 물에 잠기자 직권으로 수용자를 교정시설 인근 학교건물로 이송하였다.

① 1개
② 2개
③ 3개
④ 4개

10 수용자 징벌에 대한 설명으로 옳지 않은 것은?

① 수용자가 자해행위를 할 경우 징벌을 부과할 수 있다.

② 작업장려금을 삭감하는 제재도 징벌의 한 종류로서 부과할 수 있다.

③ 징벌은 동일한 행위에 대하여 거듭 부과할 수 없다.

④ 징벌의 집행의 유예는 소장이 행위의 동기 및 정황, 교정성적, 뉘우치는 정도 등 그 사정을 고려할 만한 사유가 있는 수용자에 대하여 2개월 이상 6개월 이하의 기간 내에서 징벌의 집행을 유예할 것을 허가할 수 있다.

11 「형의 집행 및 수용자의 처우에 관한 법률」제3조의 적용범위에 관한 설명으로 (   ) 안에 들어갈 말은?

> 이 법은 교정시설의 (㉠)와 교도관이 수용자를 (㉡)하고 있는 그 밖의 장소로서 교도관의 통제가 요구되는 공간에 대하여 적용한다.

① ㉠ 구내 및 구외 ㉡ 계호(戒護)　　　② ㉠ 구내 및 구외 ㉡ 시찰(視察)
③ ㉠ 구내　　　　　　㉡ 계호(戒護)　　　④ ㉠ 구내　　　　　　㉡ 시찰(視察)

12 「형의 집행 및 수용자의 처우에 관한 법률 시행규칙」상 수형자의 분류심사에 관한 설명 중 옳지 않은 것은?

① 소장은 징역형·금고형이 확정된 사람으로서 집행할 형기가 형집행지휘서 접수일부터 3개월 미만인 사람 또는 구류형이 확정된 사람은 분류심사를 하지 아니한다.
② 수형생활태도 점수와 작업 또는 교육성적 점수에 있어서 수는 소속 작업장 또는 교육장 전체 인원의 10퍼센트를 초과할 수 없고, 우는 30퍼센트를 초과할 수 없다. 다만, 작업장 또는 교육장 전체 인원이 4명 이하인 경우에는 수·우를 각각 1명으로 채점할 수 있다.
③ 소장은 형집행정지 중이거나 가석방기간 중에 있는 사람이 형사사건으로 재수용되어 형이 확정된 경우에는 석방 당시와 동일한 처우등급을 부여한다.
④ 개별처우계획을 수립하기 위한 분류심사(신입심사)는 매월 초일부터 말일까지 형집행지휘서가 접수된 수형자를 대상으로 하며, 그 다음 달까지 완료하여야 한다. 다만, 특별한 사유가 있는 경우에는 그 기간을 연장할 수 있다.

13 「형의 집행 및 수용자의 처우에 관한 법률」상 기본계획의 수립에 관한 설명으로 옳지 않은 것만으로 이루어진 것은?

> ㉠ 법무부장관은 5년마다 형의 집행 및 수용자 처우에 관한 기본계획을 수립하고 추진하여야 한다.
> ㉡ 기본계획에는 형의 집행 및 수용자 처우에 관한 기본방향, 인구·범죄의 증감 및 수사 또는 형집행의 동향 등 교정시설의 수요증감에 관한 사항 등이 포함되어야 한다.
> ㉢ 법무부장관은 기본계획을 수립하기 위하여 실태조사와 수요예측조사를 실시하여야 한다.
> ㉣ 법무부장관은 기본계획을 수립하기 위하여 필요하다고 인정하는 경우에는 관계기관의 장에게 필요한 자료를 요청할 수 있고, 자료를 요청받은 관계기관의 장은 특별한 사정이 없으면 요청에 따르지 않을 수 있다.

① ㉠, ㉡　　　　　　　　　　　　　　　② ㉡, ㉢
③ ㉢, ㉣　　　　　　　　　　　　　　　④ ㉠, ㉣

14 「형의 집행 및 수용자의 처우에 관한 법률」상 예외적으로 혼거수용할 수 있는 사유가 아닌 것은?

> ㉠ 독거실 부족 등 시설여건이 충분한 때
> ㉡ 수용자의 생명 또는 신체의 보호를 위하여 필요한 때
> ㉢ 수형자의 교화 또는 건전한 사회복귀를 위하여 필요한 때
> ㉣ 범죄의 증거인멸을 방지하기 위하여 필요하거나 그 밖에 특별한 사정이 있는 때

① ㉠, ㉡   ② ㉡, ㉢

③ ㉢, ㉣   ④ ㉠, ㉣

15 수용자의 권리구제수단에 관한 설명으로 옳은 것은?

① 수용자가 법무부장관에게 청원하는 경우에는 청원서를 작성하여 당해 시설의 소장에게 제출하며, 소장은 청원서를 검토한 후 법무부장관에게 송부한다.
② 수용자가 순회점검공무원에게 청원하는 경우에는 서면 또는 말로써 할 수 있으며, 순회점검공무원이 말로써 청원을 청취하는 때에는 교도관을 참여시킬 수 있다.
③ 법무부장관은 교도소 등을 순회점검하거나 소속공무원으로 하여금 순회점검하게 할 수 있으며, 판사와 검사는 교도소 등을 수시로 참관할 수 있다.
④ 수용자는 교도소의 처우에 대하여 행정심판 및 행정소송과 헌법소원을 제기할 수 있다.

16 형벌과 보안처분의 관계에 관한 설명 중 옳지 않은 것은?

① 이원주의는 형벌의 본질이 책임을 전제로 한 응보이고, 보안처분은 장래의 위험성에 대한 사회방위처분이라는 점에서 양자의 차이를 인정한다.
② 대체주의는 형벌과 보안처분이 선고되어 보안처분이 집행된 경우 그 기간을 형기에 산입하여야 한다고 한다.
③ 일원주의는 형벌과 보안처분의 목적을 모두 사회방위와 범죄인의 교육·개선으로 보고, 양자 중 어느 하나만을 적용하자고 한다.
④ 일원주의는 행위자의 반사회적 위험성을 척도로 하여 일정한 제재를 부과하는 것이 행위책임원칙에 적합하다고 한다.

17 보호관찰에 관한 설명으로 옳은 것은?

① 보호관찰은 법원의 판결이나 결정이 확정된 때부터 시작된다.

② 보호관찰은 부가적 처분으로 부과할 수 있을 뿐이고, 독립적 처분으로 부과할 수 없다.

③ 보호관찰대상자가 보호관찰의 준수사항을 위반한 경우 보호관찰을 취소해야 한다.

④ 보호관찰에 대한 임시해제결정이 취소된 때에는 그 임시해제기간은 보호관찰기간에 산입되지 않는다.

18 「전자장치 부착 등에 관한 법률」상 검사가 법원에 전자장치 부착명령을 청구할 수 있는 대상자를 설명한 것으로 옳지 않은 것은?

① 성폭력범죄로 징역형을 선고받은 사람이 그 집행을 종료한 후 또는 집행이 면제된 후 20년 이내에 성폭력범죄를 저지르고, 성폭력범죄를 다시 범할 위험성이 있다고 인정되는 사람

② 신체적 또는 정신적 장애가 있는 사람에 대하여 성폭력범죄를 저지르고, 성폭력범죄를 다시 범할 위험성이 있다고 인정되는 사람

③ 성폭력범죄를 2회 이상 범하여 그 습벽이 인정되고, 성폭력범죄를 다시 범할 위험성이 있다고 인정되는 사람

④ 19세 미만의 사람에 대하여 성폭력범죄를 저지르고, 성폭력범죄를 다시 범할 위험성이 있다고 인정되는 사람

19 소년보호사건에 대한 설명으로 옳지 않은 것만을 모두 고른 것은?

> ㉠ 형벌법령에 저촉되는 행위를 한 12세 소년이 있을 때에 경찰서장은 직접 관할 소년부에 소년을 송치하여야 한다.
> ㉡ 법으로 정한 사유가 있고 소년의 성격이나 환경에 비추어 향후 형벌법령에 저촉되는 행위를 할 우려가 있더라도 10세 우범소년은 소년부에 송치할 수 없다.
> ㉢ 소년법상 14세 촉법소년은 소년부 보호사건의 대상이 되고, 정당한 이유 없이 가출하는 9세 소년은 소년보호사건의 대상에서 제외된다.
> ㉣ 죄를 범한 소년을 발견한 보호자 또는 학교·사회복지시설·보호관찰소(보호관찰지소 포함)의 장은 이를 관할 소년부에 통고할 수 있다.

① ㉠, ㉡　　　　　　　　　　　② ㉠, ㉢

③ ㉡, ㉢　　　　　　　　　　　④ ㉢, ㉣

20 「소년법」상 소년에 관한 형사사건에 대한 설명으로 옳지 않은 것은?

① 단기 3년, 장기 6년의 징역형을 선고받은 소년에게는 1년이 지나면 가석방을 허가할 수 있다.

② 소년에 대한 형사사건의 심리는 다른 피의사건과 관련된 경우에는 그 절차를 병합하여야 한다.

③ 보호처분이 계속 중일 때에 징역, 금고 또는 구류를 선고받은 소년에 대하여는 먼저 그 형을 집행한다.

④ 징역 또는 금고를 선고받은 소년에 대하여는 특별히 설치된 교도소 또는 일반 교도소 안에 특별히 분리된 장소에서 그 형을 집행하나, 소년이 형의 집행 중에 23세가 되면 일반 교도소에서 집행할 수 있다.

12 교정학 실전 모의고사

01 통합 및 발달범죄이론에 관한 설명으로 가장 적절하지 않은 것은?

① 패터슨(Patterson)은 비행청소년이 되어 가는 경로를 조기 개시형(early starters)과 만기 개시형(late starters)으로 구분하였다.

② 손베리(Thornberry)는 비행청소년을 청소년기 한정형(adolescence-limited)과 생애 지속형(life-course-persistent)으로 분류하였다.

③ 엘리엇(Elliott)과 동료들은 사회유대가 강한 청소년일수록 성공기회가 제약되면 긴장을 느끼게 되고, 불법적 수단을 활용할 가능성이 크다고 주장하였다.

④ 샘슨(Sampson)과 라웁(Laub)은 연령에 따른 범죄행위의 지속성과 가변성이 인생의 중요한 전환기에 발생하는 사건들과 그 결과에 의해 영향을 받는다고 주장하였다.

02 다음은 통합이론과 관련된 설명이다. ㉠, ㉡, ㉢에 해당하는 이론으로 가장 적절한 것은?

> 엘리엇(Elliott)과 동료들은 ㉠, ㉡, ㉢을 결합한 통합이론을 제시하였다. ㉠과 ㉡의 연결고리역할은 '성공에 대한 열망'이지만, '성공에 대한 열망'이 범죄에 미치는 영향은 서로 정반대 방향으로 작용한다. 이후 두 이론과 ㉢을 결합하여 관습집단과의 사회적 유대 강도에 따라 범죄에 이르게 되는 다양한 경로를 제시하였다.

① ㉠ 사회통제이론 ㉡ 긴장이론 ㉢ 사회학습이론
② ㉠ 사회통제이론 ㉡ 사회유대이론 ㉢ 사회학습이론
③ ㉠ 사회학습이론 ㉡ 긴장이론 ㉢ 사회유대이론
④ ㉠ 사회학습이론 ㉡ 사회통제이론 ㉢ 긴장이론

03 코니쉬(Cornish)와 클락(Clarke)의 상황적 범죄예방기법 25개 중 '노력의 증가(increasing efforts)'에 해당하지 않는 것은?

① 대상물 강화(hardening targets) - 운전대 잠금장치, 강도방지 차단막
② 시설접근 통제(control access to facilities) - 전자카드 출입, 소지품 검색
③ 출구검색(screen exits) - 전자식 상품태그, 퇴장 시 티켓 확인
④ 자연적 감시지원(assist natural surveillance) - 가로등 개선, 방어적 공간설계

04 수형자 자치제에 관한 내용으로 옳지 않은 것으로만 묶인 것은?

> ㉠ 미국 메사추세츠주의 노포크 교도소에서 최초로 시작되었다.
> ㉡ 과학적 분류처우가 전제되어야 하며, 대규모 시설보다 소규모 시설에서 효과적이다.
> ㉢ 사회 내 처우의 일환으로 혼거제하에서 그 효용성이 높다.
> ㉣ 대규모 수형자처우제의 단점을 보완하기 위한 보완적 제도로 카티지제도가 시행되었다.
> ㉤ 계호인원이 늘어 행형경비가 증가할 수 있다.
> ㉥ 수형자의 자치의식과 책임감을 기본으로 하며, 정기형하에서 실시하는 것이 효과적이다.

① ㉠, ㉢, ㉣, ㉤
② ㉠, ㉢, ㉤, ㉥
③ ㉡, ㉢, ㉣, ㉥
④ ㉡, ㉣, ㉤, ㉥

05 물품지급 및 금품관리에 관한 다음 설명 중 옳지 않은 것은?

> ㉠ 소장은 수형자의 경비처우급에 따라 물품에 차이를 두어 지급할 수 있다. 다만, 주·부식, 음료, 그 밖에 건강유지에 필요한 물품은 그러하지 아니하다.
> ㉡ 의류를 지급하는 경우 수형자가 개방처우급 및 완화경비처우급인 경우에는 색상, 디자인 등을 다르게 할 수 있다.
> ㉢ 휴대금품이란 신입자가 교정시설에 수용될 때에 지니고 있는 현금(자기앞수표는 제외)과 휴대품을 말한다.
> ㉣ 보관불허 휴대품에 해당되지 않는 신입자의 휴대품은 보관한 후 사용하게 할 수 있다.

① ㉠, ㉡
② ㉡, ㉢
③ ㉢, ㉣
④ ㉠, ㉣

06 「형의 집행 및 수용자의 처우에 관한 법률」상 위생에 관한 설명으로 옳지 않은 것은?

> ㉠ 소장은 수용자가 건강한 생활을 하는 데에 필요한 위생 및 의료상의 적절한 조치를 하여야 한다.
> ㉡ 소장은 수용자가 사용하는 모든 설비와 기구가 항상 청결하게 유지되도록 하여야 하고, 수용자는 자신의 신체 및 의류를 청결히 하여야 하며, 자신이 사용하는 거실·작업장, 그 밖의 수용시설의 청결유지에 협력하여야 한다.
> ㉢ 수용자는 위생을 위하여 머리카락은 단정하게, 수염은 짧게 유지하여야 한다.
> ㉣ 소장은 수용자가 건강유지에 필요한 운동 및 목욕을 정기적으로 할 수 있도록 정할 수 있다.

① ㉠, ㉡
② ㉡, ㉢
③ ㉢, ㉣
④ ㉠, ㉣

07 현행법상 수용자가 접견하는 경우에 소장이 교도관으로 하여금 수용자의 접견내용을 청취·기록·녹음 또는 녹화하게 할 수 있는 사유가 아닌 것은?

> ⊙ 범죄의 증거를 인멸하거나 형사법령에 저촉되는 행위를 할 우려가 있는 때
> ⓛ 수용자의 처우 또는 교정시설의 운영에 관하여 거짓사실을 유포하는 때
> ⓒ 수용자의 교화 또는 건전한 사회복귀를 위하여 필요할 때
> ⓔ 시설의 안전과 질서유지를 위하여 필요한 때

① ⊙, ⓛ   ② ⓛ, ⓒ

③ ⓒ, ⓔ   ④ ⊙, ⓔ

08 「형의 집행 및 수용자의 처우에 관한 법률 시행규칙」상 전화통화 내용의 청취·녹음 및 요금부담에 관한 설명으로 옳지 않은 것은?

> ⊙ 소장은 동법 시행규칙 제25조 제1항 각 호의 불허가사유에 해당한다고 명백히 인정되는 경우가 아니면 통화내용을 청취하거나 녹음하여서는 아니 된다.
> ⓛ 소장은 제1항의 녹음기록물에 대한 보호·관리를 위해 전화통화 정보 취급자를 지정해야 하고, 전화통화 정보 취급자는 직무상 알게 된 전화통화 정보를 누설 또는 권한 없이 처리하거나 다른 사람이 이용하도록 제공하는 등 다른 목적으로 사용할 수 있다.
> ⓒ 수용자의 전화통화 요금은 수용자가 부담한다.
> ⓔ 소장은 교정성적이 양호한 수형자 또는 보관금이 없는 수용자 등에 대하여는 예산의 범위에서 요금을 부담할 수 있다.

① ⊙, ⓛ   ② ⓛ, ⓒ

③ ⓒ, ⓔ   ④ ⊙, ⓔ

09 「교도작업의 운영 및 특별회계에 관한 법률」의 내용에 관한 설명 중 옳지 않은 것은?

① 법무부장관은 교도작업으로 생산되는 제품의 종류와 수량을 회계연도 개시 1개월 전까지 공고하여야 한다.

② 교정시설의 장은 민간기업이 참여할 교도작업의 내용을 해당 기업체와의 계약으로 정하고 이에 대하여 지방교정청장의 승인을 받아야 한다. 다만, 법무부장관이 정하는 단기의 계약에 대하여는 그러하지 아니하다.

③ 교도작업특별회계는 법무부장관이 운용·관리한다.

④ 교도작업특별회계는 세입총액이 세출총액에 미달된 경우 또는 시설 개량이나 확장에 필요한 경우에는 예산의 범위에서 일반회계로부터 전입을 받을 수 있다.

10 「형의 집행 및 수용자의 처우에 관한 법률 시행령」상 여성수용자의 유아의 양육신청에 대하여 불허가한 경우에 조치에 관한 설명으로 옳지 않은 것은?

> ⊙ 소장은 유아의 양육을 허가하지 아니하는 경우에는 수용자의 의사를 고려하여 유아보호에 적당하다고 인정하는 법인 또는 개인에게 그 유아를 보내야 한다.
> ⓛ 위의 ⊙에서 적당한 법인 또는 개인이 없는 경우에는 그 유아를 해당 교정시설의 소재지를 관할하는 시장·군수 또는 구청장에게 보내서 보호하게 하여야 한다.
> ⓒ 양육이 허가된 유아가 출생 후 18개월이 지난 경우에는 수용자의 의사를 고려하여 유아보호에 적당하다고 인정하는 법인 또는 개인에게 그 유아를 보낼 수 있다.
> ⓔ 유아양육의 허가를 받은 수용자가 허가의 취소를 요청하는 때에는 유아를 다른 곳에 보내서는 아니 된다.

① ⊙, ⓛ   ② ⓛ, ⓒ
③ ⓒ, ⓔ   ④ ⊙, ⓔ

11 다음 중 ( ) 안에 들어가지 못할 단어로만 묶인 것은?

> ( )가 수용된 거실은 참관할 수 없다. 자살 등의 우려가 큰 때에는 ( )로 거실에 있는 수용자를 계호할 수 있다. ( )를 사용하여도 그 목적을 달성할 수 없는 경우에는 일반수용거실로부터 격리되어 있고 방음설비 등을 갖춘 ( )에 수용할 수 있다.

① 미결수용자, 보호장비   ② 전자장비, 보호실
③ 사형확정자, 진정실   ④ 전자영상장비, 진정실

12 현행법상 교도관의 수용자에 대한 무기사용사유를 모두 고른 것은?

> ⊙ 수용자가 교도관의 무기를 탈취하려고 하는 때
> ⓛ 수용자가 다른 사람에게 위해를 끼치려고 하는 때
> ⓒ 도주하는 수용자에게 교도관이 정지할 것을 명령하였음에도 계속하여 도주하는 때
> ⓔ 수용자가 위력으로 교도관의 정당한 직무집행을 방해하는 때
> ⑩ 교정시설 안에서 수용자의 탈취를 저지하기 위하여 급박하다고 인정되는 상당한 이유가 있는 때

① ⊙, ⓒ   ② ⊙, ⓔ
③ ⓒ, ⑩   ④ ⓛ, ⓒ, ⑩

13 「형의 집행 및 수용자의 처우에 관한 법률 시행령」상의 내용으로 (   ) 안에 들어갈 말은?

> (   )(이)란 수형자의 수용생활 태도, 상벌 유무, 교육 및 작업의 성과 등을 종합적으로 평가한 결과를 말한다.

① 개별처우계획   ② 분류심사
③ 교정성적   ④ 처우등급

14 형의 집행 및 수용자의 처우에 관한 법률상 신입자 및 이입자에 대한 고지의무사항이 아닌 것은 모두 몇 개인가?

> ㉠ 형기의 기산일 및 종료일
> ㉡ 가석방에 관한 사항
> ㉢ 청원, 「국가인권위원회법」에 따른 진정, 그 밖의 권리구제에 관한 사항
> ㉣ 징벌·규율, 그 밖의 수용자의 의무에 관한 사항
> ㉤ 변호인 선임에 관한 사항
> ㉥ 접견·편지, 그 밖의 수용자의 권리에 관한 사항
> ㉦ 일과(日課) 그 밖의 수용생활에 필요한 기본적인 사항

① 1개   ② 2개
③ 3개   ④ 4개

15 범죄조사방법 중 자기보고방법(self-report)에 대한 설명으로 옳지 않은 것은?

① 공식통계에 나타나지 않은 암수범죄를 파악하는 데에 유용하다.
② 응답자가 익명으로 자신들이 저지른 범죄를 진술하게 하는 방법이 많이 사용된다.
③ 표본조사나 집단조사의 방법이 사용된다.
④ 경미한 범죄보다는 살인·강도 같은 강력범죄의 암수범죄를 파악하는 데에 유용하다.

16 「형의 집행 및 수용자의 처우에 관한 법률 시행규칙」상 교육대상자 선발을 취소할 수 있는 사유가 아닌 것은?

> ㉠ 각 교육과정의 관계법령, 학칙, 교육관리지침 등을 위반한 때
> ㉡ 학습의욕이 부족한 때
> ㉢ 징벌을 받았을 때
> ㉣ 중대한 질병, 부상, 그 밖의 부득이한 사정으로 교육을 받을 수 없다고 판단되는 때

① ㉠, ㉡　　　　　　　　　② ㉡, ㉢
③ ㉢, ㉣　　　　　　　　　④ ㉠, ㉣

17 「보호관찰 등에 관한 법률」상 구인(제39조 또는 제40조)한 보호관찰 대상자의 유치에 대한 설명으로 옳지 않은 것은?

① 보호관찰소의 장은 가석방 및 임시퇴원의 취소 신청이 필요하다고 인정되면 보호관찰 대상자를 수용기관 또는 소년분류심사원에 유치할 수 있다.
② 보호관찰 대상자를 유치하려는 경우에는 보호관찰소의 장이 검사에게 신청하여 검사의 청구로 관할 지방법원 판사의 허가를 받아야 하며, 이 경우 검사는 보호관찰 대상자가 구인된 때부터 48시간 이내에 유치 허가를 청구하여야 한다.
③ 유치된 사람에 대하여 보호관찰을 조건으로 한 형의 선고유예가 실효되거나 집행유예가 취소된 경우 또는 가석방이 취소된 경우에는 그 유치기간을 형기에 산입한다.
④ 유치의 기간은 구인한 날부터 20일로 한다. 다만, 보호처분의 변경 신청을 위한 유치에 있어서는 심사위원회의 심사에 필요하면 10일의 범위에서 한 차례만 유치기간을 연장할 수 있다.

18 「전자장치 부착 등에 관한 법률」에 대한 설명으로 옳지 않은 것은?

① 법원은 특정범죄를 범한 자에 대하여 형의 집행을 유예하면서 보호관찰을 받을 것을 명할 때에는 전자장치를 부착할 것을 명할 수는 없다.
② 전자장치 부착집행 중 보호관찰 준수사항 위반으로 유치허가장의 집행을 받아 유치된 때에는 부착집행이 정지된다.
③ 만 19세 미만의 자에 대하여 부착명령을 선고한 때에는 19세에 이르기까지 이 법에 따른 전자장치를 부착할 수 없다.
④ 법원은 부착명령이 청구된 사건에 대하여 부착명령보다 보호관찰명령을 선고할 필요가 있다고 인정하는 때에는 검사에게 보호관찰명령의 청구를 요청할 수 있다.

19 바톨라스(C. Bartolas)의 소년교정모형에 대한 설명이다. [보기 1]에 제시된 설명과 [보기 2]에서 제시된 교정모형을 옳게 짝지은 것은?

> ┤ 보기 1 ├
> ⊙ 비행소년은 통제할 수 없는 요인에 의해서 범죄자로 결정되어졌으며, 이들은 사회적 병질자이기 때문에 처벌의 대상이 아니라 치료의 대상이다.
> ⓒ 범죄소년은 치료의 대상이지만 합리적이고 책임 있는 결정을 할 수 있다고 하면서, 현실요법·집단지도 상호작용·교류분석 등의 처우를 통한 범죄소년의 사회 재통합을 강조한다.
> ⓒ 비행소년에 대해서 소년사법이 개입하게 되면 낙인의 부정적 영향 등으로 인해 지속적으로 법을 어길 가능성이 증대되므로, 청소년을 범죄소년으로 만들지 않는 길은 시설에 수용하지 않는 것이다.
> ⓔ 지금까지 소년범죄자에 대하여 시도해 온 다양한 처우모형들이 거의 실패했기 때문에 유일한 대안은 강력한 조치로서 소년범죄자에 대한 훈육과 처벌뿐이다.

> ┤ 보기 2 ├
> A. 의료모형   B. 적응(조정)모형
> C. 범죄통제모형   D. 최소제한(제약)모형

	⊙	ⓒ	ⓒ	ⓔ			⊙	ⓒ	ⓒ	ⓔ
①	A	B	C	D		②	A	B	D	C
③	A	C	D	B		④	B	A	D	C

20 「보호소년 등의 처우에 관한 법률」상 보호소년의 수용·보호에 대한 설명으로 옳지 않은 것은?

① 소년원장은 미성년자인 보호소년이 친권자나 후견인이 없거나 있어도 그 권리를 행사할 수 없을 때에는 법원의 허가를 받아 적당한 자로 하여금 그 보호소년을 위하여 친권자나 후견인의 직무를 행사하게 하여야 한다.

② 소년원장은 공동으로 비행을 저지른 관계에 있는 사람의 편지인 경우 등 보호소년의 보호 및 교정교육에 지장이 있다고 인정되는 경우에는 보호소년의 편지왕래를 제한할 수 있으며, 편지의 내용을 검사할 수 있다.

③ 보호소년이 사용하는 목욕탕, 세면실 및 화장실에 전자영상장비를 설치하여 운영하는 것은 이탈·난동·폭행·자해·자살, 그 밖에 보호소년의 생명·신체를 해치거나 시설의 안전 또는 질서를 해치는 행위의 우려가 큰 때에만 할 수 있다.

④ 소년원장은 분류수용, 교정교육상의 필요, 그 밖의 이유로 보호소년을 다른 소년원으로 이송하는 것이 적당하다고 인정하면 법무부장관의 허가를 받아 이송할 수 있다.

MEMO

박상민 *Justice* 교정학

실전 모의고사

정답 및 해설

01 **교정학** 실전 모의고사 **정답 및 해설**

01 ①	02 ②	03 ③	04 ②	05 ④	06 ②	07 ②	08 ④	09 ③	10 ②
11 ③	12 ③	13 ②	14 ④	15 ④	16 ③	17 ④	18 ②	19 ③	20 ②

01 ① 입법자의 의도가 반영되는 형식적 범죄개념은 형법상 규정된 행위를 의미하기에 시간과 공간에 따라 변한다. 예를 들어, 혼인빙자간음죄는 과거에 형식적 의미의 범죄였으나 지금은 아니다.
② 형식적 의미의 범죄는 법의 명확성을 기할 수 있는 장점이 있는 반면, 실질적 의미의 범죄와 입법적 지체현상에 따라 법적 허점이 야기되는 단점이 있다. 예를 들어, 스토킹이나 사이버 범죄가 현재 심각한 문제가 되고 있어도, 입법에는 일정한 시간이 소요되는 문제점이 있다.
③ 실질적 의미의 범죄는 법 규정과는 관계없이 사회에 유해한 반사회적 행위를 뜻한다.
④ 실질적 의미의 범죄가 형식적 의미의 범죄보다 넓은 범위에서 사회에 유해한 반사회적 행위를 기준으로 하기 때문이다.

02 ② '대부분의 사람은 왜 범죄를 저지르지 않고, 사회규범에 동조하는가'라는 의문에서 출발하는 이론은 통제이론이다. 갈등이론은 특정 집단·계층과 갈등관계에 있는 집단·계층에서만 주로 범죄자가 발생하는 문제에 대한 의문에서 출발하였다.

03 ③ 활동성 지원(activity support)에 관한 내용이다.

> [CPTED]
> 셉테드(CPTED; Crime Prevention Through Environmental Design)는 건축환경 설계를 이용하여 범죄를 예방하는 연구 분야로, 아파트나 학교, 공원 등 도시생활공간의 설계단계부터 범죄예방을 위한 다양한 안전시설 및 수단을 적용한 도시계획 및 건축설계를 말한다.
> • 자연적 감시 : 건축물이나 시설물의 설계 시 조명이나 조경을 활용하는 방법으로, 가로등의 확대설치를 통해 가시권을 최대로 확보하고, 외부침입에 대한 감시기능을 확대함으로써 범죄위험 및 범죄기회를 감소시킨다.
> • 자연적 접근통제 : 일정한 지역에 접근하는 사람들을 정해진 공간으로 유도하거나, 방범창이나 차단기 등을 설치하여 외부인의 출입을 통제하도록 설계함으로써 접근에 대한 심리적 부담을 증대시켜 범죄를 예방한다.
> • 영역성 강화 : 사적 공간에 대한 경계를 표시하기 위해 울타리 등을 설치하여 주민들의 책임의식과 소유의식을 증대시킴으로써 사적 공간에 대한 관리권을 강화시키고, 외부인들에게 침입에 대한 불법사실을 인식시켜 범죄기회를 차단한다.
> • 활동성 지원 : 지역사회 설계 시 주민들이 모여 상호 의견을 교환하고 유대감을 증대시킬 수 있는 놀이터, 공원 등을 설치하고, 체육시설의 접근성과 이용을 권장하여 '거리의 눈'을 활용한 자연적 감시와 접근통제의 기능을 확대한다.
> • 유지·관리 : 처음 설계된 대로 또는 개선한 의도대로 지속적으로 파손된 부분을 즉시 보수하고, 청결을 유지·관리함으로써 범죄예방을 위한 환경설계의 장기적이고 지속적인 효과를 유지한다.

❚ CPTED의 원리별 사례

자연적 감시	조명, 조경, 가시권 확대를 위한 건물의 배치 등
접근통제	차단기, 방범창, 잠금장치, 통행로의 설계, 출입구의 최소화 등
영역성 강화	울타리(펜스)의 설치, 사적·공적 공간의 구분 등
활동성 지원	놀이터, 공원 등의 설치, 체육시설의 접근성과 이용 증대, 벤치·정자의 위치 및 활용성에 대한 설계 등
유지·관리	파손의 즉시 보수, 청결유지, 조명·조경의 관리 등

04 ② 이 법은 수형자의 교정교화와 건전한 사회복귀를 도모하고, 수용자의 처우와 권리 및 교정시설의 운영에 관하여 필요한 사항을 규정함을 목적으로 한다(형집행법 제1조). 즉, 교정교화와 건전한 사회복귀의 대상은 수용자가 아닌 수형자이다. 여기서 "수형자"란 징역형·금고형 또는 구류형의 선고를 받아 그 형이 확정되어 교정시설에 수용된 사람과 벌금 또는 과료를 완납하지 아니하여 노역장 유치명령을 받아 교정시설에 수용된 사람(동법 제2조 제2호)

또는 수형자·미결수용자·사형확정자 등 법률과 적법한 절차에 따라 교도소·구치소 및 그 지소(이하 "교정시설"
이라 한다)에 수용된 사람(동법 제2조 제1호)을 말한다.

05 × : ㉠ 범죄의 증거인멸을 방지하기 위하여 필요하거나 그 밖에 특별한 사정이 때에는 교도소에 미결수용자를 수용
할 수 있다(형집행법 제12조 제1항 제3호). ㉣ 소장은 특별한 사정이 있으면 제11조의 구분수용 기준에 따라
다른 교정시설로 이송하여야 할 수형자를 6개월을 초과하지 아니하는 기간 동안 계속하여 수용할 수 있다(동조
제4항).
○ : ㉡ 동조 제2항. ㉢ 동조 제3항

06 ② 소장은 수용자의 수용·작업·교화·의료, 그 밖의 처우를 위하여 필요하거나 시설의 안전과 질서유지를 위하여 필요하
다고 인정하면 법무부장관의 승인을 받아 수용자를 다른 교정시설로 이송할 수 있다(형집행법 제20조 제1항).

07 ② ㉠은 30, ㉡은 5, ㉢은 25, ㉣은 1이다. 따라서 숫자의 합은 61이다.
㉠ 경찰관서에 설치된 유치장에는 수형자를 30일 이상 수용할 수 없다(형집행법 시행령 제107조).
㉡ 개방처우급 수형자의 전화통화 허용횟수는 처우상 특히 필요한 경우를 제외하고는 월 5회 이내이다(동법 시행규칙
제90조 제1항 제1호).
㉢ 공소가 제기된 범죄는 판결의 확정이 없이 공소를 제기한 때로부터 25년을 경과하면 공소시효가 완성한 것으로
간주한다(형사소송법 제249조 제2항).
㉣ 형의 선고를 유예하는 경우에 재범방지를 위하여 지도 및 원호가 필요한 때에는 보호관찰을 받을 것을 명할 수
있고, 보호관찰의 기간은 1년으로 한다(형법 제59조의2 제1항·제2항).

08 ④ 보호소년 등이 변호인등과 주고받는 편지는 제한하거나 검사할 수 없다. 다만, 상대방이 변호인 등(변호인이나 보
조인)임을 확인할 수 없는 때에는 예외로 한다(보호소년법 제18조 제5항).
① 보호소년 등이 면회를 할 때에는 소속 공무원이 참석하여 보호소년 등의 보호 및 교정교육에 지장이 없도록 지도
할 수 있다. 이 경우 소속 공무원은 보호소년 등의 보호 및 교정교육에 지장이 있다고 인정되는 경우에는 면회를
중지할 수 있다(동법 제18조 제2항).
② 보호소년 등이 변호인등과 면회를 할 때에는 소속 공무원이 참석하지 아니한다. 다만, 보이는 거리에서 보호소년
등을 지켜볼 수 있다(동법 제18조 제3항).
③ 원장은 공동으로 비행을 저지른 관계에 있는 사람의 편지인 경우 등 보호소년 등의 보호 및 교정교육에 지장이
있다고 인정되는 경우에는 보호소년 등의 편지 왕래를 제한할 수 있으며, 편지의 내용을 검사할 수 있다(동법 제
18조 제4항).

09 × : ㉢ 소장은 금품전달 불허가사유에 해당하거나 수용자가 금품을 받지 아니하려는 경우에는 해당 금품을 보낸 사
람에게 되돌려 보내야 한다(형집행법 제27조 제2항). 소장은 제2항의 경우에 금품을 보낸 사람을 알 수 없거나
보낸 사람의 주소가 불분명한 경우에는 금품을 다시 가지고 갈 것을 공고하여야 하며, 공고한 후 6개월이 지나
도 금품을 돌려 달라고 청구하는 사람이 없으면 그 금품은 국고에 귀속된다(동조 제3항). 즉, 금품을 폐기할 수
는 없다. ㉣ 소장은 제2항 또는 제3항의 조치를 하였으면 그 사실을 수용자에게 알려 주어야 한다(동조 제4항).
○ : ㉠ 동조 제1항 각 호. ㉡ 동조 제2항

10 ○ : ㉢ 형집행법 시행규칙 제49조. ㉣ 동법 제54조 제3항
× : ㉠ 소장은 생리 중인 여성수용자에 대하여는 위생에 필요한 물품을 지급하여야 한다(동법 제50조 제3항). ㉡
노인수용자란 65세 이상인 수용자를 말한다(동법 시행령 제81조 제1항). ㉤ 노인수용자, 장애인 수용자 및 외국
인 수용자에 대한 적정한 배려 또는 처우에 관하여 필요한 사항은 법무부령으로 정한다(동법 제54조 제4항).
㉥ 소장은 수용자가 미성년자인 자녀와 접견하는 경우에는 차단시설이 없는 장소에서 접견하게 할 수 있다.

11 × : ㉠ 수용자가 청원을 신청할 수 있는 대상은 법무부장관, 관할 지방교정청장, 순회점검공무원이다(형집행법 제
117조 제1항). ㉡ 청원하려는 수용자는 청원서를 작성하여 봉한 후 소장에게 제출하여야 한다(동조 제2항). 즉,
청원서를 봉하고 제출하는 행위의 주체는 교도관이 아니라 수용자이다. ㉢ 소장은 수용자가 순회점검공무원에게
청원하는 경우에는 그 인적사항을 청원부에 기록하여야 한다(동법 시행령 제139조 제1항). 즉, 청원부에 기록하

는 것은 인적사항에 한정된다.
○ : ⓔ 법 제117조 제5항

12 ○ : ⓛ 형집행법 제94조 제1항. ⓒ 동법 제98조 제2항 제1호
× : ㉠ 소장은 수용자가 자살 또는 자해의 우려가 있거나 신체적·정신적 질병으로 인하여 특별한 보호가 필요한 때에는 의무관의 의견을 고려하여 보호실(자살 및 자해 방지 등의 설비를 갖춘 거실)에 수용할 수 있다(동 제95조 제1항). ⓔ 교도관은 수용자가 다른 사람에게 위해를 끼치거나 끼치려고 하는 때에는 강제력을 행사할 수 있고(동법 제100조 제1항), 수용자가 다른 사람에게 중대한 위해를 끼치거나 끼치려고 하여 그 사태가 위급한 때에는 무기를 사용할 수 있다(동법 제101조 제1항).

13 × : ⓛⓒ 소장은 수형자가 교정성적이 우수하거나 교화 또는 건전한 사회복귀를 위하여 특히 필요하다고 인정되는 때에는 접촉차단시설이 설치되지 아니한 장소에서 접견하게 할 수 있다(형집행법 제41조 제3항 제2호, 동법 시행령 제59조 제3항 제1호). 즉, 19세 미만인 때는 불가하다.
○ : ㉠ 동법 제41조 제3항 제1호. ⓔ 동법 시행령 제59조 제3항 제2호
※ **형집행법 제41조(접견)** ③ 제2항에도 불구하고 다음 각 호의 어느 하나에 해당하는 경우에는 접촉차단시설이 설치되지 아니한 장소에서 접견하게 할 수 있다.
 1. 수용자가 미성년자인 자녀와 접견하는 경우
 2. 그 밖에 대통령령으로 정하는 경우
※ **동법 시행령 제59조(접견의 예외)** ③ 법 제41조 제3항 제2호에서 "대통령령으로 정하는 경우"란 다음 각 호의 어느 하나에 해당하는 경우를 말한다.
 1. 수형자가 교정성적이 우수하거나 교화 또는 건전한 사회복귀를 위하여 특히 필요하다고 인정되는 때에 해당하는 경우
 2. 미결수용자의 처우를 위하여 소장이 특별히 필요하다고 인정하는 경우
 3. 사형확정자의 교화나 심리적 안정을 위하여 소장이 특별히 필요하다고 인정하는 경우

14 × : ㉠ 수용자와 교정시설 외부의 사람이 접견하는 경우에 접견내용이 청취·녹음 또는 녹화될 때에는 외국어를 사용해서는 아니 된다. 다만, 국어로 의사소통하기 곤란한 사정이 있는 경우에는 외국어를 사용할 수 있다(형집행법 시행령 제60조 제1항). ⓔ 수용자의 편지·소송서류 그 밖의 문서를 보내는 경우에 드는 비용은 수용자가 부담한다. 다만, 소장은 수용자가 그 비용을 부담할 수 없는 경우에는 예산의 범위에서 해당 비용을 부담할 수 있다(동법 시행령 제69조).
○ : ⓛ 동법 제43조 제7항. ⓒ 동법 시행령 제66조 제5항

15 ④ 예외 없이 반드시 여성교도관이 하여야 하는 것은 ⓒⓔⓜ이다.
○ : ⓒ 소장은 여성수용자가 목욕을 하는 경우에 계호가 필요하다고 인정하면 여성교도관이 하도록 하여야 한다(형집행법 시행령 제77조 제2항). ⓔ 여성의 신체·의류 및 휴대품에 대한 검사는 여성교도관이 하여야 한다(동법 제93조 제4항). ⓜ 전자영상장비로 거실에 있는 수용자를 계호하는 것은 자살등의 우려가 큰 때에만 할 수 있고(동법 제94조 제1항 단서), 이 경우 수용자가 여성이면 여성교도관이 계호하여야 한다(동법 제94조 제2항 후단).
× : ㉠ 소장은 여성수용자에 대하여 상담·교육·작업 등을 실시하는 때에는 여성교도관이 담당하도록 하여야 한다. 다만, 여성교도관이 부족하거나 그 밖의 부득이한 사정이 있으면 그러하지 아니하다(동법 제51조). ⓛ 소장은 특히 필요하다고 인정하는 경우가 아니면 남성교도관이 야간에 수용자거실에 있는 여성수용자를 시찰하게 하여서는 아니 된다(동법 시행령 제7조).

16 ③ 임상적 예측방법은 전문지식을 활용한다는 점에서 효율적인 결과를 기대할 수 있지만, 개인차에 따라 판단결과가 달라질 수 있어 조사자의 주관이 개입될 여지가 많다는 것이 단점으로 지적되고 있다.

17 ① 법 제57조 제2항 각 호(경비등급별 교정시설)의 수용설비 및 계호의 정도는 다음 각 호의 규정에 어긋나지 않는 범위에서 법무부장관이 정한다(형집행법 시행령 제83조).
 1. 수형자의 생명이나 신체, 그 밖의 인권보호에 적합한 것
 2. 교정시설의 안전과 질서유지를 위하여 필요한 최소한의 범위일 것

3. 법 제56조 제1항의 개별처우계획의 시행에 적합할 것

18 ② 법원은 사회봉사대상자가 사회봉사를 할 분야와 장소 등을 지정할 수 있다(보호관찰법 제59조 제2항).
① 동법 제61조 제1항. ③ 동법 제62조 제2항. ④ 동법 제59조 제1항

19 ① 전자장치부착법 제5조 제1항 제2호. ② 동조 제3호. ④ 동법 제4조, 제5조 제1항 제4호
③은 이에 해당하지 않는다.

검사가 성폭력범죄를 범한 자로서 성폭력범죄를 다시 범할 위험성이 있다고 인정되는 사람에 대하여 전자장치부착명령을 법원에 청구할 수 있는 경우

- 성폭력범죄로 징역형의 실형을 선고받은 사람이 그 집행을 종료한 후 또는 집행이 면제된 후 10년 이내에 성폭력범죄를 저지른 때
- 성폭력범죄로 이 법에 따른 전자장치를 부착받은 전력이 있는 사람이 다시 성폭력범죄를 저지른 때
- 성폭력범죄를 2회 이상 범하여(유죄의 확정판결을 받은 경우를 포함한다) 그 습벽이 인정된 때
- 19세 미만의 사람에 대하여 성폭력범죄를 저지른 때
- 신체적 또는 정신적 장애가 있는 사람에 대하여 성폭력범죄를 저지른 때

20 ② 소년분류심사원에의 위탁은 임시조치에 해당한다(소년법 제18조 제1항 제3호).

02 교정학 실전 모의고사 **정답 및 해설**

01 ①	02 ③	03 ③	04 ④	05 ③	06 ④	07 ③	08 ①	09 ④	10 ③
11 ②	12 ①	13 ①	14 ①	15 ②	16 ④	17 ④	18 ②	19 ③	20 ②

01 ① 봄-보여짐의 비대칭적 구조란 감시자는 모든 것을 볼 수 있지만 피감시자는 아무것도 볼 수 없는 구조로, 이로써 최소한의 노력으로 최대한의 감시효과를 얻는 것이 핵심이다.
② 강제노역에 대한 벤담의 견해는 없다.
③ 채찍이론을 통하여 범죄와 형벌의 비례성을 강조하였다.
④ 벤담과 관련이 없다.

02 ③ 서덜랜드는 조나단 에드워드가(家)의 연구를 통해 선조 중에는 살인범이 있었으나, 후손 중에는 살인범이 전혀 없다는 점을 들어 범죄의 유전성을 부정하였다. 참고로, 고링은 통계학의 상관계수법으로 범죄성이 유전되는지를 검토하였는데, 범죄성의 정도를 구금빈도와 구금기간 두 가지 측면에서 연구한 결과 범죄성이란 유전되는 것으로 보았다.

03 ○ : ㉠ 수형자 자치제도는 수형자의 저항유발을 최소화하고 엄격한 계호에 따른 마찰을 감소시킬 수 있다. 수형자 자치제도가 행형제도로서 처음 실시된 곳은 뉴욕주의 오번교도소로, 오번시장 출신인 오스본(T.M. Osborne)은 오번교도소장의 허락하에 톰 브라운(Tom Brown)이라는 가명으로 자원수형자가 되어 수형자 자치단체인 상호복지연맹을 조직한 후 이를 중심으로 수형자 자치제도의 실시를 건의하였고, 뉴욕주지사와 오번교도소장의 동의하에 1914년 오번교도소에서 이를 실시하였다. ㉢ 카티지제도는 수형자 자치제도의 형태 중 하나이다. ㉣ 상습범, 누범 등을 제외하고 수형자 자치제도에 적합한 자를 선정하기 위해서는 과학적 수형자분류가 선행되어야 한다. ㉭ 수형자 자치제도는 수형자에게 독립심과 자립심을 심어 주어 미흡한 자기통제력을 회복시킨다.
× : ㉤ 정기형제도하에서는 자치심이 형성되지 않은 수형자라도 형기가 종료되면 반드시 사회에 복귀시켜야 하므로, 부정기형제도하에서 운영되어야 보다 효과적이다.

04 ④ 상황적 범죄예방활동으로 인해 오히려 사회 전체적인 측면에서 범죄를 줄일 수 없게 된다는 비판을 받는 개념은 '전이효과'이다. '이익의 확산효과'는 상황적 범죄예방활동이 다른 지역으로까지 확대되어 사회 전체적인 측면에서 범죄가 줄어들게 된다는 개념이다.
① 뉴먼은 주택건축과정에서 공동체의 익명성을 줄이고, 범죄자의 침입과 도주를 차단하며, 순찰·감시가 용이하도록 구성하여 범죄예방을 도모하여야 한다는 방어공간의 개념을 사용하였다.
② 상황적 범죄예방모델은 범죄기회가 주어진다면 누구든지 범죄를 저지를 수 있다고 전제하므로, 범죄예방은 범죄기회의 감소로써 달성할 수 있다고 한다.
③ 레피토는 범죄의 전이를 '범죄예방활동으로 인해 범죄의 장소, 시간, 유형 등이 다른 형태로 변경되는 것'이라고 정의하고, 그 유형을 공간적(지역적) 전이, 시간적 전이, 전술적 전이, 목표물 전이, 기능적 전이 등 5가지로 분류하였다.

05 ③ 블럼스타인이 교도소 과밀화의 해소방안으로 주장한 것은 무익한 전략, 선별적 무능화, 수용인구 감소전략(정문정책·후문정책), 형사사법정책 개선전략, 교정시설 확충전략이다. 집합적 무력화란 유죄확정된 모든 강력범죄자에게 장기형의 선고를 권장하는 것으로, 이는 선별적 무력화에 비해 과밀화를 초래할 수 있다.

▌과밀수용 해소방안

무익한 전략		수용인원이 증가하더라도 별도 대책없이 자체적으로 증가인원을 소화하자는 방안
선별적 무능화		중범자나 누범자만을 선별적으로 구금하여 교정시설공간을 효율적으로 운영하자는 방안
수용인구 감소전략	정문정책	범죄인의 구금보다는 비구금적 제재로 전환하여 수용인원을 처음부터 줄이자는 방안
	후문정책	기존의 수형자를 형기만료 이전에 출소시켜 수용인원을 줄여 가자는 방안

형사사법절차 개선전략	형사절차과정에서 범죄인을 수용할 경우 교정시설의 수용능력을 고려하여 결정하자는 방안
교정시설 확충전략	교정시설을 증설하여 수용능력을 확대하자는 방안

06 ㉠ 교도작업에 관한 사항은 포함되지 않는다(형집행법 시행규칙 제97조 제1호·제4호).
　　㉣ 위원회의 회의는 재적의원 3분의 2 이상의 출석으로 개의하고, 출석위원 과반수의 찬성으로 의결한다(형집행법 시행규칙 제99조 제3항).
　　※ **형집행법 시행규칙 제97조(심의·의결 대상)** 법 제62조의 분류처우위원회는 다음 각 호의 사항을 심의·의결한다.
　　　1. 처우등급 판단 등 분류심사에 관한 사항
　　　2. 소득점수 등의 평가 및 평정에 관한 사항
　　　3. 수형자 처우와 관련하여 소장이 심의를 요구한 사항
　　　4. 가석방 적격심사 신청 대상자 선정 등에 관한 사항
　　　5. 그 밖에 수형자의 수용 및 처우에 관한 사항

07 ③ 소년에 대하여 단기 보호관찰 처분을 하는 경우 「아동복지법」에 따른 아동복지시설이나 그 밖의 소년보호시설에 감호위탁 처분은 병합할 수 있으나, 1개월 이내의 소년원 송치 처분은 병합할 수 없다(소년법 제32조 제2항).
　　※ **소년법 제32조(보호처분의 병합)** ② 다음 각 호 안의 처분 상호 간에는 그 전부 또는 일부를 병합할 수 있다.
　　　1. 제1항 제1호·제2호·제3호·제4호 처분(보호자 등에게 감호위탁, 수강명령, 사회봉사명령, 단기 보호관찰)
　　　2. 제1항 제1호·제2호·제3호·제5호 처분(보호자 등에게 감호위탁, 수강명령, 사회봉사명령, 장기 보호관찰)
　　　3. 제1항 제4호·제6호 처분(단기 보호관찰, 「아동복지법」에 따른 아동복지시설이나 소년보호시설에 감호위탁)
　　　4. 제1항 제5호·제6호 처분(장기 보호관찰, 「아동복지법」에 따른 아동복지시설이나 소년보호시설에 감호위탁)
　　　5. 제1항 제5호·제8호 처분(장기 보호관찰, 1개월 이내의 소년원 송치)
　① 동법 제32조의2 제1항
　② 동법 제32조의2 제2항
　④ 동법 제33조 제3항

08 ① 옳은 것은 ㉠㉣이다.
　○ : ㉠ 범죄피해자 보호법 제17조 제1항. ㉣ 동법 제32조
　× : ㉡ 정당행위나 정당방위에 의해 처벌되지 아니하는 행위 및 과실에 의한 행위로 인한 피해는 구조대상 범죄피해에서 제외되나, 긴급피난에 의해 처벌되지 아니하는 행위로 인한 피해는 구조대상 범죄피해 포함된다(동법 제3조 제1항 제4호). ㉢ 이 법은 외국인이 구조피해자이거나 유족인 경우에는 해당 국가의 상호보증이 있는 경우에만 적용한다(동법 제23조). ㉤ 구조금을 받을 권리는 그 구조결정이 해당 신청인에게 송달된 날부터 2년간 행사하지 아니하면 시효로 인하여 소멸된다(동법 제31조).

09 × : ㉢ 소장은 개방처우급·완화경비처우급 수형자에게 자치생활을 허가할 수 있다(형집행법 시행규칙 제86조 제1항). ㉣ 주 1회 → 월 1회(동조 제3항).
　○ : ㉠㉡

10 ③ 벌금을 납입하지 아니한 자는 1일 이상 3년 이하, 과료를 납입하지 아니한 자는 1일 이상 30일 미만의 기간 노역장에 유치하여 작업에 복무하게 한다(형법 제69조 제2항).
　① 헌재 2017.10.26. 2016헌바177
　② 형법 제70조 제1항
　④ 선고하는 벌금이 1억원 이상 5억원 미만인 경우에는 300일 이상, 5억원 이상 50억원 미만인 경우에는 500일 이상, 50억원 이상인 경우에는 1,000일 이상의 유치기간을 정하여야 한다(동법 제70조 제2항).

11 × : ㉡ 법무부장관은 교도작업으로 생산되는 제품의 종류와 수량을 회계연도 개시 1개월 전까지 공고하여야 한다(교도작업법 제4조). ㉢ 교정시설의 장은 민간기업이 참여할 교도작업의 내용을 해당 기업체와의 계약으로 정하고, 이에 대하여 법무부장관의 승인(재계약의 경우에는 지방교정청장의 승인)을 받아야 한다. 다만, 법무부장관이 정하는 단기의 계약에 대하여는 그러하지 아니하다(동법 제6조 제2항). ㉤ 특별회계는 법무부장관이 운용·관리한

다(동법 제8조 제2항).
○ : ㉠ 동법 시행령 제7조. ㉤ 동법 제11조의2

12 ① 소장은 수용자의 신체적·정신적 질병으로 인하여 특별한 보호가 필요한 때에는 의무관의 의견을 고려하여 보호실에 수용할 수 있다(형집행법 제95조 제1항).
② 동법 제94조 제1항. ③ 동법 제98조 제2항. ④ 동법 제101조 제2항.

13 × : ㉠ 소장은 제1항 및 제2항에도 불구하고 작업부과 또는 교화를 위하여 특히 필요하다고 인정하는 경우에는 제1항 및 제2항의 수형자 외의 수형자에 대하여도 외부통근자로 선정할 수 있다(형집행법 시행규칙 제120조 제3항). 따라서 연령이나 경비처우급과는 무관하다. ㉡ 소장은 외부통근자가 법령에 위반되는 행위를 하거나 법무부장관 또는 소장이 정하는 지켜야 할 사항을 위반한 경우에는 외부통근자 선정을 취소할 수 있다(동법 시행규칙 제121조).
○ : ㉢ 동법 시행규칙 제122조. ㉣ 동법 시행규칙 제123조

14 × : ㉠ 소장은 법 제77조에 따라 2일 이상의 귀휴를 허가한 경우에는 귀휴를 허가받은 사람(이하 "귀휴자"라 한다)의 귀휴지를 관할하는 경찰관서의 장에게 그 사실을 통보하여야 한다(형집행법 시행령 제97조 제1항). ㉡ 소장은 귀휴를 허가한 때에는 귀휴허가부에 기록하고 귀휴허가를 받은 수형자(이하 "귀휴자"라 한다)에게 귀휴허가증을 발급하여야 한다(동법 시행규칙 제139조).
○ : ㉢ 동법 시행규칙 제140조 제4호. ㉣ 동법 시행규칙 제141조 제2항
※ **형집행법 시행규칙 제140조(귀휴조건)** 귀휴를 허가하는 경우 법 제77조 제3항에 따라 붙일 수 있는 조건(이하 "귀휴조건"이라 한다)은 다음 각 호와 같다.
  1. 귀휴지 외의 지역 여행금지
  2. 유흥업소, 도박장, 성매매업소 등 건전한 풍속을 해치거나 재범우려가 있는 장소 출입금지
  3. 피해자 또는 공범·동종범죄자 등과의 접촉금지
  4. 귀휴지에서 매일 1회 이상 소장에게 선화보고[제141조 제1항에 따른 귀휴(동행귀휴)는 제외한다]
  5. 그 밖에 귀휴 중 탈선방지 또는 귀휴목적 달성을 위하여 필요한 사항

15 ② 현행법상 수용자가 지녀서는 아니 되는 물건에 줄·노끈·날카로운 도구, 그밖에 자살 또는 자해의 도구로 이용될 우려가 있는 물품은 규정되어 있지 않다(형집행법 제92조 제1항).
※ **형집행법 제92조(금지물품)** ① 수용자는 다음 각 호의 물품을 지녀서는 아니 된다.
  1. 마약·총기·도검·폭발물·흉기 독극물, 그 밖에 범죄의 도구로 이용될 우려가 있는 물품
  2. 무인비행장치, 전자·통신기기, 그 밖에 도주나 다른 사람과의 연락에 이용될 우려가 있는 물품
  3. 주류·담배·화기·현금·수표 그 밖에 시설의 안전 또는 질서를 해칠 우려가 있는 물품
  4. 음란물, 사행행위에 사용되는 물품, 그 밖에 수형자의 교화 또는 건전한 사회복귀를 해칠 우려가 있는 물품

16 ④ 집행유예의 선고를 받은 자가 유예기간 중 고의로 범한 죄로 금고 이상의 형의 선고를 받아 그 판결이 확정된 때에는 집행유예의 선고는 효력을 잃는다(형법 제63조).
① 동법 제62조 제1항. ② 동조 제2항. ③ 동법 제62조의2 제1항

17 × : ㉠ 교도관은 보호장비 규격에 맞지 아니한 보호장비를 수용자에게 사용해서는 아니 된다(형집행법 시행규칙 제170조 제2항). ㉣ 보호침대는 다른 보호장비로는 자살·자해를 방지하기 어려운 특별한 사정이 있는 경우에만 사용하여야 한다(동법 시행규칙 제177조 제1항). 즉, 도주와 관련하여 사용할 수 있는 장비가 아니다(동법 제98조 제2항 제4호).
○ : ㉡ 동법 시행규칙 제171조. ㉢ 동법 시행규칙 제172조 제4항

18 × : ㉡ 권총 및 소총이 아닌 기관총을 사용할 수 있다(형집행법 시행규칙 제190조 제1항 제2호). ㉢ 교도관은 교정시설의 안에서 자기 또는 타인의 생명·신체를 보호하거나 수용자의 탈취를 지지하기 위하여 급박하다고 인정되는 상당한 이유가 있으면 수용자 외의 사람에 대하여 권총 및 소총을 사용할 수 있다(동조 제2항 제1호). 즉, 임의적 사항이다.

○ : ㉠ 동조 제1항 제1호. ㉢ 동조 제2항 제2호

19 ③ 보호소년법상 보호장비의 종류는 수갑, 포승, 가스총, 전자충격기, 머리보호장비, 보호대이다(동법 제14조의2 제1항)

20 ① 소년이 소년분류심사원에 위탁된 경우 보조인이 없을 때에는 법원은 변호사 등 적정한 자를 보조인으로 선정하여야 한다(소년법 제17조의2 제1항). 즉, 소년 본인이나 보호자의 신청을 요하지 않는다.
   ③ 소년법상 형사처분이란 소년법 제32조 제1항의 보호처분과 달리 형법에 의한 제재를 과할 목적으로 14세 이상 19세 미만의 소년에게 부과하는 처분을 말한다. 따라서 12세의 소년은 형사처분의 대상이 되지 않는다.
   ④ 소년부 판사는 소년이 피해자와 화해하였을 경우에는 보호처분을 결정할 때 이를 고려할 수 있다(동법 제25조의3 제3항). 즉, 화해하였을 경우, 소년부 판사는 보호처분을 결정할 때에 고려할 수 있을 뿐이다.
   ② 동법 제18조 제1항 제1호

03 교정학 실전 모의고사 정답 및 해설

01 ③	02 ②	03 ①	04 ④	05 ④	06 ③	07 ④	08 ③	09 ①	10 ④
11 ②	12 ②	13 ③	14 ④	15 ③	16 ④	17 ②	18 ①	19 ③	20 ④

01 ③ 적절한 것은 ㉠㉡㉢㉤㉥이다.
   ㉠ 뒤르켐(Durkheim)은 그의 저서 『사회분업론』에서 분업의 증가가 기계적 사회에서 유기적 사회로의 전이를 유발하고, 사회적 연대도 그에 따라 변한다고 지적하였다. 여기서 기계적 연대(Mechanical Solidarity)는 구성원들의 동일한 가치와 규범의 공유(집합의식)가 사회통합과 개인결속의 기초로 작용하는 상태이고, 유기적 연대(Organic Solidarity)는 전문화된 각각의 개인이 상호의존성에 기반하여 결속된 상태이다.
   ㉡ 아노미(Anomie)는 무규범상태, 즉 규범과 현실의 괴리를 의미하는데, 뒤르켐은 아노미를 인간의 생래적인 끝없는 욕망을 사회의 규범이나 도덕으로써 제대로 통제하지 못하는 상태, 즉 사회적·도덕적 권위가 훼손되어 사회구성원들이 자신의 삶을 지도할 수 있는 기준을 상실한 무규범상태로 정의하였다.
   ㉢ 뒤르켐은 당시 유럽사회의 자살률이 급격히 증가하는 것은 산업화 과정에서 정치·경제·기술적 사회변동으로써 사회통합이 약화되어 이기적 자살이 증가하였기 때문이라고 보았다.
   ㉣ 자살은 아노미적 자살, 이기적 자살, 이타적 자살, 숙명적 자살 네 가지 유형이 있는데, 이 가운데 아노미적 자살이 가장 큰 문제이다.

   ▌자살 유형

구 분	사회적 통합(유대)	도덕적 규제
아주 강함	이타적 자살(자살폭탄테러).	숙명론적 자살(고대 순장)
아주 약함	이기적 자살(독거노인)	아노미적 자살(불경기)

   ㉤ 범죄정상설에 대한 설명으로, 범죄는 사회병리 현상이 아니라 사회구조적 모순에서 발생하는 정상적이고 불가피한 현상으로, 어느 사회이건 일정 수준의 범죄는 존재하기 마련이며, 일정 수준이 넘는 경우에만 이를 사회병리 현상으로 보았다.
   ㉥ 시카고학파의 사회해체이론, 머튼의 아노미이론, 허쉬의 사회연대이론 등 미국의 사회학적 범죄이론에 가장 큰 영향을 주었다.

   > **뒤르켐 더 알아보기**
   > • 뒤르켐은 모든 사회와 시대에 공통적으로 적용할 수 있는 객관적 범죄개념을 부정하면서 특정 사회에서 형벌의 집행대상으로 정의된 행위만을 범죄로 보는 새로운 범죄개념을 제시하였다.
   > • 범죄란 일반적 집합의식을 위반한 행위가 아닌, 한 시대에 사회구성원의 의식 속에 강력하게 새겨져 있고 명백하게 인지된 집합의식을 위반한 행위라고 정의하였다.
   > • 뒤르켐의 범죄정상설이 범죄가 도덕적으로 정당하다고 보는 범죄정당설을 의미하는 것은 아니다. 뒤르켐은 집단감정을 침해하는 것을 본질로 하는 범죄에 대해 강력한 대처를 주장하였다.
   > • 뒤르켐은 아노미를 인간의 생래적인 끝없는 욕망을 사회의 규범이나 도덕으로써 제대로 통제하지 못하는 상태, 즉 사회적·도덕적 권위가 훼손되어 사회구성원들이 자신의 삶을 지도할 수 있는 기준을 상실한 무규범상태로 정의하였다.
   > • 뒤르켐은 사회구조를 사회질서, 즉 사회적 연대 측면에서 파악하고, 산업화과정에서 사회적 분업이 전통사회의 기계적 연대를 산업사회의 유기적 연대로 전환시킴으로써 기존의 사회규범이 해체되고, 사회적 통합이 약화되어 범죄가 증가한다고 보았다.
   > • 뒤르켐은 유기적 연대로 전이됨으로 인해 전통적인 사회통제가 비효과적인 것이 되고, 사회연대의 보전이라는 기능을 지니는 형벌, 즉 보복법이 개인의 권리구제에 중점을 두는 배상법으로 전환되었다는 형법발전론을 주장하였다.

02 ② CPI 검사는 1956년 캘리포니아 버클리대학의 고프(Gough)가 개발한 18개 척도의 성격검사도구로, MMPI가 신경증이나 정신병 등의 정서적 문제를 진단하기 위한 것인 데 비해, CPI는 정상적인 사람의 심리적 특성을 이해하기 위한 것이라고 할 수 있다.

03 ① 깨진 유리창이 상징하는 의미는 지역사회의 무질서이다. 피해가 없는 사소한 무질서 행위에 대한 경찰의 강경한 대응을 강조한다.

04 ④ ㉠㉣은 현행법상 수용자에 대한 징벌대상행위가 아니다.
   ※ **형집행법 제107조(징벌)** 소장은 수용자가 다음의 어느 하나에 해당하는 행위를 하면 징벌위원회의 의결에 따라 징벌을 부과할 수 있다.
   1. 「형법」, 「폭력행위 등 처벌에 관한 법률」, 그 밖의 형사법률에 저촉되는 행위
   2. 수용생활의 편의 등 자신의 요구를 관철할 목적으로 자해하는 행위
   3. 정당한 사유 없이 작업·교육·교화프로그램 등을 거부하거나 태만히 하는 행위
   4. 금지물품을 지니거나 반입·제작·사용·수수·교환·은닉하는 행위
   5. 다른 사람을 처벌받게 하거나 교도관의 직무집행을 방해할 목적으로 거짓사실을 신고하는 행위
   6. 그 밖에 시설의 안전과 질서유지를 위하여 법무부령으로 정하는 규율을 위반하는 행위

05 ④ 단기 보호관찰기간은 1년으로 한다(소년법 제33조 제2항).
   ① 형법 제62조의2 제2항. ② 전자장치부착법 제21조의3. ③ 형법 제59조의2

06 I-Level(Interpersonal marutity Level) : 워렌(Warren, 1969)은 청소년의 대인적 성숙도를 1단계~7단계로 구분하여 청소년범죄자에게 그들의 성숙수준에 맞는 처우프로그램을 적용하는 데 활용하였다. 훈련이 잘된 전문가를 필요로 하고, 비교적 많은 비용이 소요된다.

07 모두 직업훈련대상 선정의 제한사유에 해당한다(형집행법 시행규칙 제126조).

08 ○ : ㉡ 형집행법 시행령 제56조. ㉢ 동법 시행령 제54조의2. ㉤ 동법 시행령 제57조
   × : ㉠ 소장은 저수조 등 급수시설을 6개월에 1회 이상 청소·소독하여야 한다(동법 시행령 제47조 제2항). ㉣ 소장은 수용자에 대하여 1년에 1회 이상 건강검진을 하여야 한다. 다만 19세 미만의 수용자와 계호상 독거수용자에 대하여는 6개월에 1회 이상 하여야 한다(동법 시행령 제51조 제1항).

09 × : ㉠ 위원회가 징벌을 의결한 경우에는 이를 소장에게 즉시 통고하여야 하고, 소장은 통고를 받은 경우에는 징벌을 지체 없이 집행하여야 한다(형집행법 시행령 제132조, 제133조 제1항). ㉡ 소장은 수용자가 징벌처분을 받아 접견, 편지수수 또는 전화통화가 제한된 경우에는 그의 가족에게 그 사실을 알려야 한다. 다만, 수용자가 알리는 것을 원하지 않으면 알리지 않는다(동법 시행령 제133조 제2항).
   ○ : ㉢ 동법 제112조 제3항·제4항. ㉣ 동법 시행령 제133조 제4항

10 × : ㉠ 소장은, 무기형은 20년, 유기형은 형기의 3분의 1의 기간을 경과한 수형자로서 교정성적이 우수하고 뉘우치는 빛이 뚜렷하여 재범의 위험성이 없다고 인정하는 경우에는 분류처우위원회의 의결을 거쳐 가석방 적격심사 신청 대상자를 선정한다(형집행법 시행규칙 제245조 제1항). ㉣ 소장은 가석방이 허가되지 아니한 수형자에 대하여 그 후에 가석방을 허가하는 것이 적당하다고 인정하는 경우에는 다시 가석방 적격심사 신청을 할 수 있다(동법 시행규칙 제251조).
   ○ : ㉡ 동법 시행규칙 제246조. ㉢ 동법 시행규칙 제250조 제2항

11 ② 15세 미만인 경우에는 직업훈련 대상자로 선정해서는 아니 된다(형집행법 시행규칙 제126조 제1호).
   ※ **형집행법 시행규칙 제125조(직업훈련 대상자 선정기준)** ① 소장은 수형자가 다음 각 호의 요건을 갖춘 경우에는 수형자의 의사, 적성, 나이, 학력 등을 고려하여 직업훈련 대상자로 선정할 수 있다.
   1. 집행할 형기 중에 해당 훈련과정을 이수할 수 있을 것(기술숙련과정 집체직업훈련 대상자는 제외한다)
   2. 직업훈련에 필요한 기본소양을 갖추었다고 인정될 것
   3. 해당 과정의 기술이 없거나 재훈련을 희망할 것
   4. 석방 후 관련 직종에 취업할 의사가 있을 것
   ② 소장은 소년수형자의 선도(善導)를 위하여 필요한 경우에는 제1항의 요건을 갖추지 못한 경우에도 직업훈련 대상자로 선정하여 교육할 수 있다.

※ **동법 시행규칙 제126조(직업훈련 대상자 선정의 제한)** 소장은 제125조에도 불구하고 수형자가 다음 각 호의 어느 하나에 해당하는 경우에는 직업훈련 대상자로 선정해서는 아니 된다.
1. 15세 미만인 경우
2. 교육과정을 수행할 문자해독능력 및 강의 이해능력이 부족한 경우
3. 징벌대상행위의 혐의가 있어 조사 중이거나 징벌집행 중인 경우
4. 작업, 교육·교화프로그램 시행으로 인하여 직업훈련의 실시가 곤란하다고 인정되는 경우
5. 질병·신체조건 등으로 인하여 직업훈련을 감당할 수 없다고 인정되는 경우

① 동법 시행규칙 제126조 제2호. ③ 동법 시행규칙 제127조 제2항. ④ 동법 시행규칙 제124조 제1항

12 ② 옳은 것은 ㉠㉢㉤이다. 수용자가 '위력으로 교도관의 정당한 직무집행을 방해하는 때'에 사용할 수 있는 보호장비에는 수갑·포승과 발목보호장비·보호대·보호의자가 있다(형집행법 제98조 제2항 제1호·제3호).
㉡㉣ 보호복과 보호침대는 '자살·자해의 우려가 큰 때'에만 사용할 수 있다(동법 제98조 제2항 제4호).
㉥ 머리보호장비는 '머리부분을 자해할 우려가 큰 때'에 사용하는 보호장비이다(동법 제98조 제2항 제2호).

13 × : ㉢ 소장은 기부자가 용도를 지정하여 금품을 기부한 경우에는 기부금품을 그 용도에 사용하여야 한다. 다만, 지정한 용도로 사용하기 어려운 특별한 사유가 있는 경우에는 기부자의 동의를 받아 다른 용도로 사용할 수 있다(형집행법 시행령 제153조 제2항). ㉣ 교정시설의 기부금품 접수·사용 등에 관하여 필요한 사항은 법무부장관이 정한다(동조 제3항).
○ : ㉠ 동법 제131조. ㉡ 동법 시행령 제153조 제1항

14 ④ 소장은 사형확정자의 심리적 안정과 원만한 수용생활을 위하여 필요하다고 인정하는 경우에는 월 3회 이내의 범위에서 전화통화를 허가할 수 있다(형집행법 시행규칙 제156조).
① 동법 제156조. ② 동조 제2항. ③ 동법 제90조 제1항

15 ③ 소장은 개방처우급 혹은 완화경비처우급 수형자가 형기가 2년 이상, 범죄횟수가 3회 이하, 중간처우를 받는 날부터 가석방 또는 형기종료 예정일까지 기간이 3개월 이상 2년 6개월 미만인 경우에 모두 해당되어야만 교정시설에 설치된 개방시설에 수용할 수 있다(형집행법 시행규칙 제93조 제1항). 즉, 최근 1년 이내 징벌이 없는 경우와는 무관하다.

16 ④ 1823년 오번감옥의 2대 소장이 된 엘람 린즈는 혼거구금과 엄정독거구금의 단점을 제거하고, 장점만을 취하여 절충적인 구금제도인 오번제를 창안하였다. 즉, 주간에는 수용자를 공장에 취업시키되, 혼거구금의 폐해인 범죄적 악풍감염 제거를 위해 수용자 상호 간의 교담을 엄격히 금지하고, 야간에는 독방에 구금토록 하였다. 교도작업의 역할을 중시한 오번제는 노동력의 부족을 느끼고 있던 미국에서 열렬한 지지를 받았다.

17 ② 임시해제 중에는 보호관찰을 하지 아니한다. 다만, 보호관찰대상자는 준수사항을 계속하여 지켜야 한다(보호관찰법 제52조 제2항).
① 동조 제1항. ③ 동조 제3항. ④ 동조 제4항

18 × : ㉠ 벌금형 또는 과료형의 선고를 받아 그 형이 확정된 사람은 수형자라고 할 수 없다(형집행법 제2조 제2호).
㉡ 구속영장의 집행을 받아 교정시설에 수용된 사람을 말한다(동조 제3호).
○ : ㉢ 동조 제4호. ㉣ 동조 제1호
※ **형집행법 제2조(정의)** 이 법에서 사용하는 용어의 뜻은 다음과 같다.
1. "수용자"란 수형자·미결수용자·사형확정자 등 법률과 적법한 절차에 따라 교도소·구치소 및 그 지소(이하 "교정시설"이라 한다)에 수용된 사람을 말한다.
2. "수형자"란 징역형·금고형 또는 구류형의 선고를 받아 그 형이 확정되어 교정시설에 수용된 사람과 벌금 또는 과료를 완납하지 아니하여 노역장 유치명령을 받아 교정시설에 수용된 사람을 말한다.
3. "미결수용자"란 형사피의자 또는 형사피고인으로서 체포되거나 구속영장의 집행을 받아 교정시설에 수용된 사람을 말한다.
4. "사형확정자"란 사형의 선고를 받아 그 형이 확정되어 교정시설에 수용된 사람을 말한다.

19 ③ 형집행법 제12조 제1항에서 교도소에 미결수용자를 수용할 수 있는 사유를 규정하고 있는데, ⓒⓔ은 이에 해당하지 않는다.

    ※ **형집행법 제12조(구분수용의 예외)** ① 다음 각 호의 어느 하나에 해당하는 사유가 있으면 교도소에 미결수용자를 수용할 수 있다.

       1. 관할 법원 및 검찰청 소재지에 구치소가 없는 때

       2. 구치소의 수용인원이 정원을 훨씬 초과하여 정상적인 운영이 곤란한 때

       3. 범죄의 증거인멸을 방지하기 위하여 필요하거나 그 밖에 특별한 사정이 있는 때

20 × : ⓛ 보호관찰처분을 하는 경우 1년 이내의 기간을 정하여 야간 등 특정 시간대의 외출을 제한하는 명령을 보호관찰대상자의 준수사항으로 부과할 수 있다(소년법 제32조의2 제2항). ⓒ 장기로 소년원에 송치된 소년의 보호기간은 2년을 초과하지 못한다(동법 제33조 제6항). ⓔ 1개월 이내의 소년원 송치처분은 보호관찰관의 단기 보호관찰처분과 병합할 수 없다(동법 제32조 제2항 참조).

    ○ : ㉠ 동법 제32조 제3항. ㉤ 동법 제40조

04 교정학 실전 모의고사 **정답 및 해설**

01 ②	02 ①	03 ④	04 ③	05 ③	06 ②	07 ③	08 ②	09 ①	10 ③
11 ④	12 ③	13 ①	14 ①	15 ②	16 ①	17 ④	18 ③	19 ②	20 ③

01 ② 버제스는 특정 도시의 성장은 도시 중심부에서 주변부로 동심원을 그리며 진행한다고 하였다. 동심원모델은, 중심은 같지만 지름이 다른 다수의 원이 중심에서 외곽으로 확장해 가듯 도시가 성장해 가는 모습을 이론화한 것이다.

02 ① ㉠(○) ㉡(○) ㉢(×) ㉣(×)
㉢ 외부강화가 아닌 대리강화이다.
㉣ 도덕발달(인지발달)이론에 관한 내용이다. 행동학습이론은 학습을 경험이나 관찰의 결과, 또는 유기체 내에서 일어나는 비교적 영속적인 행동이나 행동잠재력의 변화로 정의 내리고, 유기체를 자극에 수동적으로 반응하는 존재라고 본다.

▌반두라의 동기화 세 가지 측면

구분	설명	예시
대리강화	다른 사람의 행동결과를 보고 자신에게 적용하여 동기부여	부모가 요리를 하고 칭찬받는 것을 보고 아이도 요리를 하고 싶어 함
자기효능감	자신이 특정 행동을 성공적으로 수행할 수 있다는 믿음	운동을 시작하기 전에 자신이 목표체중을 달성할 수 있다고 믿음
목표설정	구체적인 목표를 설정하여 동기부여를 유지	새해 다이어트 목표를 구체적으로 설정하고 매일 체중을 기록

반두라의 동기화는 단순한 모방이 아닌, 다른 사람의 경험, 자신의 능력에 대한 믿음 그리고 구체적인 목표 설정이 상호작용하여 행동을 유발하는 과정이다.

03 ④ 1세대 CPTED는 범죄예방에 효과적인 물리환경을 설계·개선하는 하드웨어 중심의 접근으로, 가로등 세우기나 CCTV 설치, 쓰레기 치우기 등이 그 예이다. 시민방범순찰은 주민이 참여하는 2세대 CPTED에 해당하고, 참고로 3세대 CPTED는 주민에게 결정권이 있다.

04 × : ㉢ 이송승인 사유에 해당하지 않는다. ㉣ 지방교정청장의 이송승인은 관할 내 이송으로 한정된다.
○ : ㉠ 동법 제20조 제2항. ㉡ 동법 시행령 제22조 제1항 제1호
※ 형집행법 시행령 제22조(지방교정청장의 이송승인권) ① 지방교정청장은 법 제20조 제2항에 따라 다음 각 호의 어느 하나에 해당하는 경우에는 수용자의 이송을 승인할 수 있다.
1. 수용시설의 공사 등으로 수용거실이 일시적으로 부족한 때
2. 교정시설 간 수용인원의 뚜렷한 불균형을 조정하기 위하여 특히 필요하다고 인정되는 때
3. 교정시설의 안전과 질서유지를 위하여 긴급하게 이송할 필요가 있다고 인정되는 때

05 ㉠은 정문정책전략에 해당되고, ㉡은 사법절차와 과정의 개선에 해당하며, ㉢은 선별적 무능력화에 해당한다.

06 × : ㉡ 소장은 수용자에 대한 금품의 전달을 허가한 경우에는 그 금품을 보관한 후 해당 수용자가 사용하게 할 수 있다(형집행법 시행령 제42조 제1항). ㉢ 수용자에게 건네주려고 하는 금품의 허가범위 등에 관하여 필요한 사항은 법무부령으로 정한다(동조 제2항).
○ : ㉠ 동법 시행령 제41조. ㉣ 동법 시행령 제43조

07 ③ 보호관찰소 소속 공무원이 보호관찰 대상자에 대해 사용할 수 있는 보호장구에는 수갑, 포승, 보호대(帶),가스총, 전자충격기가 있다(보호관찰법 제46조의3 제1항).

08 ② 중심인(center man)은 교도관의 의견, 태도에 따르는 수용자로, 선처를 바라고 권력을 가진 교도관들에게 아첨하는 경향이 있고, 때로는 자신의 생각과 일치하기 때문에 교도관의 의견에 동조하는 경우도 있다.
  ① 진짜 남자(real men)는 수용생활을 인간의 존엄성을 가지고 참아내는 수용자로, 교도관의 권한을 거부함으로써 자신의 자율성을 유지하고자 하나, 교도관들에게 공격적으로 대하지는 않는다. 교도관에게 지속적으로 저항하고 물리적·언어적 폭력을 가하며 문제를 야기하는 유형은 어리석은 파괴자(ball busters)이다.
  ③ 은둔자(retreatist)는 프랑크 쉬말레거가 분류한 수용자 유형이다.
  ④ 상인(merchants)은 필요한 재화를 파는 수용자로, 이들은 동료 수용자보다 자신의 이익을 우선시한다. 개인적 이득을 취하기 위해 교도관과 내통하고 동료를 배신하는 행위를 하는 유형은 생쥐(rats)이다.

09 ① 보호관찰소의 장은 보호관찰 대상자가 준수사항을 위반하였거나 위반하였다고 의심할 상당한 이유가 있고, 다음 각 호(일정한 주거가 없는 경우, 소환에 따르지 아니한 경우, 도주한 경우 또는 도주할 염려가 있는 경우)의 어느 하나에 해당하는 사유가 있는 경우에는 관할 지방검찰청의 검사에게 신청하여 검사의 청구로 관할 지방법원 판사의 구인장을 발부받아 보호관찰 대상자를 구인(拘引)할 수 있다(보호관찰법 제39조 제1항).
  ② 보호관찰소의 장은 보호관찰 대상자를 구인한 경우에는 긴급구인서를 작성하여 즉시 관할 지방검찰청 검사의 승인을 받아야 한다(동법 제40조 제2항).
  ③ 보호관찰소의 장은 제39조 또는 제40조에 따라 보호관찰 대상자를 구인하였을 때에는 제42조에 따라 유치(留置) 허가를 청구한 경우를 제외하고는 구인한 때부터 48시간 이내에 석방하여야 한다. 다만, 제42조 제2항에 따른 유치허가를 받지 못하면 즉시 보호관찰 대상자를 석방하여야 한다(동법 제41조).
  ④ 보호관찰소의 장은 유치허가를 받은 때부터 24시간 이내에 제1항 각 호의 신청(유치사유에 따른 신청)을 하여야 한다(동법 제42조 제3항).

10 × : ⓒ 수용자가 소송사건의 대리인 변호사와 접견하는 횟수는 월 4회, 「형사소송법」에 따른 상소권회복 또는 재심청구사건의 대리인이 되려는 변호사와 접견하는 횟수는 사건당 2회로 하되, 이를 경비처우급별 접견횟수에 포함시키지 아니한다(형집행법 시행령 제59조의2 제2항). ⓔ 소장은 소송사건의 수 또는 소송내용의 복잡성 등을 고려하여 소송의 준비를 위하여 특히 필요하다고 인정하면 접견시간대 외에도 접견을 하게 할 수 있고, 접견시간 및 횟수를 늘릴 수 있다(동조 제3항). 소장은 접견수요 또는 접견실 사정 등을 고려하여 원활한 접견사무 진행에 현저한 장애가 발생한다고 판단하면 접견시간 및 횟수를 줄일 수 있다. 이 경우 줄어든 시간과 횟수는 다음 접견 시에 추가하도록 노력하여야 한다(동조 제4항).
  ○ : ⊙ 동법 제84조 제2항. ⓛ 동법 시행령 제59조의2 제1항

11 모두 옳다.

> **형집행법 제71조(작업시간 등)** ① 1일의 작업시간(휴식·운동·식사·접견 등 실제 작업을 실시하지 않는 시간을 제외한다)은 8시간을 초과할 수 없다.
> ② 제1항에도 불구하고 취사·청소·간병 등 교정시설의 운영과 관리에 필요한 작업의 1일 작업시간은 12시간 이내로 한다.
> ③ 1주의 작업시간은 52시간을 초과할 수 없다. 다만, 수형자가 신청하는 경우에는 1주의 작업시간을 8시간 이내의 범위에서 연장할 수 있다.
> ④ 제2항 및 제3항에도 불구하고 19세 미만 수형자의 작업시간은 1일에 8시간을, 1주에 40시간을 초과할 수 없다.
> ⑤ 공휴일·토요일과 대통령령으로 정하는 휴일에는 작업을 부과하지 아니한다. 다만, 다음 각 호의 어느 하나에 해당하는 경우에는 작업을 부과할 수 있다.
> 1. 제2항에 따른 교정시설의 운영과 관리에 필요한 작업을 하는 경우
> 2. 작업장의 운영을 위하여 불가피한 경우
> 3. 공공의 안전이나 공공의 이익을 위하여 긴급히 필요한 경우
> 4. 수형자가 신청하는 경우

12 ③ 형집행법에서 보호장비의 종류로 규정하고 있는 것은 ⊙ⓛⓒⓔⓐⓢ(ⓙ이고, 아닌 것은 ⓜⓞⓧⓔ이다.

13 × : ⊙ 수용자는 소장의 허가를 받아 교정시설의 외부에 있는 사람과 전화통화를 할 수 있다(형집행법 제44조 제1

항). 이 점에서 접견이나 편지수수와 다르다. © 소장의 전화통화 허가에는 통화내용의 청취 또는 녹음을 조건으로 붙일 수 있다(동조 제2항).

○ : © 동조 제4항. ② 동조 제5항

14 × : ⊙ 소장은 수용자가 임신 중이거나 출산(유산·사산을 포함한다)한 경우에는 모성보호 및 건강유지를 위하여 정기적인 검진 등 적절한 조치를 하여야 한다(형집행법 제52조 제1항). © "출산(유산·사산을 포함한다)한 경우"란 출산 후 60일이 지나지 아니한 경우를 말한다(동법 시행령 제78조).

○ : © 동법 제52조 제2항. ② 동법 시행규칙 제42조

15 × : © 교정법인의 대표자는 민영교도소 등의 직원을 임면한다. 다만, 민영교도소 등의 장 및 대통령령으로 정하는 직원을 임면할 때에는 미리 법무부장관의 승인을 받아야 한다(민영교도소법 제29조 제1항). ⑩ 교정법인은 민영교도소 등에 수용되는 자에게 특별한 사유가 있다는 이유로 수용을 거절할 수 없다(동법 제25조 제2항).

○ : ⊙ 동법 제3조 제1항. © 동법 제23조 제1항. ② 동법 제11조 제3항. ⑭ 동법 제10조 제2항

16 ① 집행유예기간 중 고의로 금고 이상의 형의 선고를 받아 판결이 확정된 때에만 집행유예 선고의 효력을 잃는다(형법 제63조). 따라서 중과실로 인한 경우는 해당되지 않는다.

② 동법 제62조의2 제3항. ③ 동법 제65조. ④ 동법 제64조 제2항

17 ④ 치료감호와 형이 병과된 경우에는 치료감호를 먼저 집행한다. 이 경우 치료감호의 집행기간은 형집행기간에 포함한다(치료감호법 제18조).

① 동법 제2조의2. ② 동법 제24조. ③ 동법 제4조 제7항

18 ○ : © 재벌그룹 회장의 횡령행위 등에 대하여 집행유예를 선고하면서 사회봉사명령으로서 일정액의 금전출연을 주된 내용으로 하는 사회공헌계획의 성실한 이행을 명하는 것은 시간단위로 부과될 수 있는 일 또는 근로 활동이 아닌 것을 명하는 것이어서 허용될 수 없다(대판 2008.4.11. 2007도8373). © 소년법 제32조 제1항 제3호. ⑩ 소년법 제33조 제4항, 보호관찰법 제59조 제1항

× : ⊙ 형의 집행을 유예하면서 사회봉사를 명할 수는 있으나, 형의 선고를 유예하면서 사회봉사를 명할 수는 없다(형법 제62조의2 제1항, 보호관찰법 제3조 제2항 제1호). ② 사회봉사명령은 14세 이상인 소년에 대해서만 가능하다(소년법 제32조 제3항). ⑭ 사회봉사명령 대상자가 주거를 이전하거나 1개월 이상 국내외 여행을 할 때에는 미리 보호관찰관에게 신고하여야 한다(보호관찰법 제62조 제2항 제2호).

사회봉사명령 대상자의 준수사항
• 보호관찰관의 집행에 관한 지시에 따를 것
• 주거를 이전하거나 1개월 이상 국내외 여행을 할 때에는 미리 보호관찰관에게 신고할 것

19 × : © 검사는 집행지휘를 한 날부터 10일 이내에 재판서나 그 밖에 적법한 서류를 소장에게 보내야 한다(형집행법 시행령 제82조 제2항). © 수형자에 대한 처우는 교화 또는 건전한 사회복귀를 위하여 교정성적에 따라 상향조정될 수 있으며, 특히 그 성적이 우수한 수형자는 개방시설에 수용되어 사회생활에 필요한 적정한 처우를 받을 수 있다(동법 제57조 제3항).

○ : ⊙ 동법 시행령 제82조 제1항. ② 동법 제58조

20 ○ : ⊙ 소년법 제33조 제2항. © 동법 제33조 제3항. ⑩ 동법 제33조 제6항

× : © 보호자 또는 보호자를 대신하여 소년을 보호할 수 있는 자에게 감호위탁, 「아동복지법」에 따른 아동복지시설이나 그 밖의 소년보호시설에 감호위탁, 병원·요양소 또는 「보호소년 등의 처우에 관한 법률」에 따른 의료재활소년원에 위탁하는 기간은 6개월로 하되, 소년부 판사는 결정으로써 6개월의 범위에서 한 번에 한하여 그 기간을 연장할 수 있다. 다만, 소년부 판사는 필요한 경우에는 언제든지 결정으로써 그 위탁을 종료시킬 수 있다(동법 제33조 제1항). ② 단기로 소년원에 송치된 소년의 보호기간은 6개월을 초과하지 못한다(동법 제33조 제5항).

05 교정학 실전 모의고사 **정답 및 해설**

01 ②	02 ①	03 ①	04 ②	05 ②	06 ④	07 ②	08 ①	09 ③	10 ③
11 ①	12 ③	13 ②	14 ①	15 ③	16 ④	17 ②	18 ④	19 ④	20 ②

01 • 밀러의 하류계층문화의 주요 관심사 : ㉠㉢㉤㉥㉦
  밀러(Miller)는 하류계층의 주요 관심사(관심의 초점)로 말썽·걱정·사고치기(Trouble), 강인·완강(Toughness), 교활·영악·영리함(Smartness), 흥분·자극·스릴(Excitement), 운명·숙명(Fatalism), 자율·자립(Autonomy)을 들고 있다.
  • 코헨의 비행하위문화의 특성 : ㉡㉣㉧㉨
  코헨(Cohen)은 비행하위문화의 특성으로 비공리성(비실리성, non-utilitarian), 악의성(malice), 부정성(negativistic, 거부주의), 변덕, 단기적 쾌락주의, 집단자율성의 강조 경향을 들고 있다.

02 옳은 것은 ㉠㉤이다.
  ㉡ 모핏의 범죄자 분류에 대한 설명이다.
  ㉢ 패터슨의 범죄자 분류에 대한 설명이다.
  ㉣ 샘슨과 라웁의 생애과정이론은 사회학습이론이 아닌 사회통제(유대)이론의 주장을 그대로 차용하였다. 이는 사회유대의 약화를 범죄행위의 직접적인 원인으로 간주한다는 점에서 알 수 있는데, 다른 점이 있다면, 허쉬의 사회유대는 아동기와 청소년기에 국한된 반면, 샘슨과 라웁의 사회유대는 생애 전 과정에서 강화와 약화가 반복되는 현상으로 보았다.

03 ① 시민순찰(1차적 범죄예방) – 범죄예측(2차적 범죄예방) – 구금(3차적 범죄예방)
  ② 이웃감시(1차적 범죄예방) – 특별예방(3차적 범죄예방) – 우범지역순찰(1차적 범죄예방)
  ③ 우범지역 순찰(1차적 범죄예방) – 비상벨 설치(1차적 범죄예방) – 재소자 교육(3차적 범죄예방)
  ④ 비상벨 설치(1차적 범죄예방) – 이웃감시(1차적 범죄예방) – 구금(3차적 범죄예방)

▌범죄예방의 구조모델 정리

접근법	대상	내용	적용 예
1차적 예방	일반대중	범죄행위를 조장하거나 범죄의 기회를 제공하는 물리적·사회적 환경조건을 개선하여 범죄예방	환경설계, 민간경비, 이웃감시, 경찰방범활동, 일반예방, 감시장비 설치, 범죄예방교육 등
2차적 예방	우범자 또는 그 집단	잠재적 범죄자를 초기에 발견하고 이들의 범죄기회를 차단하여 범죄예방	범죄지역 분석, 재범예측, 전환제도 등
3차적 예방	범죄자	범죄자들이 더 이상 범죄를 저지르지 못하게 하는 범죄예방	교정기관의 목표로 범죄자교화, 재범예방 프로그램 등

04 × : ㉡ 인성검사는 신입심사 대상자 및 그 밖에 처우상 필요한 수형자를 대상으로 한다(형집행법 시행규칙 제71조 제2항 본문). ㉢ 수형자가 일정한 사유로 분류심사가 유예된 때에는 인성검사를 하지 아니할 수 있다(동조 제2항 단서 제1호).
  ○ : ㉠ 동조 제1항. ㉣ 동조 제4항

05 ② 가석방은 그 서류도달 후 12시간 이내에 행하여야 한다. 다만, 그 서류에서 석방일시를 지정하고 있으면 그 일시에 행한다(형집행법 제124조 제1항). 따라서 12월 26일 9:00에 가석방 서류가 도달하였다면 당일 21:00까지 가석방을 행하여야 한다.

06 ④ 갱생보호는 갱생보호를 받을 사람(갱생보호 대상자)이 친족 또는 연고자 등으로부터 도움을 받을 수 없거나 이들

의 도움만으로는 충분하지 아니한 경우에 한하여 행한다(보호관찰법 시행령 제40조 제1항).
① 갱생보호는 보호관찰법에서 규정하고 있다.
② 보호관찰법률상 갱생보호의 시기에 관해서는 규정이 없다.
③ 갱생보호를 받을 사람은 형사처분 또는 보호처분을 받은 사람으로서 자립갱생을 위한 숙식 제공, 주거 지원, 창업 지원, 직업훈련 및 취업 지원 등 보호의 필요성이 인정되는 사람으로 한다(동법 제3조 제3항).

07 ○ : ㉠ 형집행법 시행규칙 제67조 제3호. ㉡ 동조 제5호. ㉢ 동조 제2호
   × : ㉣ 수형자가 전국기능경기대회에서 입상한 때이다(동조 제5호). ㉤ 수형자가 기사 이상의 자격을 취득한 때이다 (동조 제5호). ㉥ 수형자가 추가사건으로 금고 이상의 형이 확정된 때이다(동조 제4호).
   ※ **형집행법 시행규칙 제67조(부정기재심사 사유)** 부정기재심사는 다음 각 호의 어느 하나에 해당하는 경우에 할 수 있다.
   1. 분류심사에 오류가 있음이 발견된 때
   2. 수형자가 교정사고(교정시설에서 발생하는 화재, 수용자의 자살·도주·폭행·소란, 그 밖에 사람의 생명·신체를 해하거나 교정시설의 안전과 질서를 위태롭게 하는 사고를 말한다)의 예방에 뚜렷한 공로가 있는 때
   3. 수형자를 징벌하기로 의결한 때
   4. 수형자가 집행유예의 실효 또는 추가사건(현재 수용의 근거가 된 사건 외의 형사사건을 말한다)으로 금고 이상의 형이 확정된 때
   5. 수형자가 「숙련기술장려법」 제20조 제2항에 따른 전국기능경기대회 입상, 기사 이상의 자격취득, 학사 이상의 학위를 취득한 때
   6. 삭제 〈2014.11.17.〉
   7. 그 밖에 수형자의 수용 또는 처우의 조정이 필요한 때

08 × : ㉠ 소장은 수형자가 건전한 사회복귀에 필요한 지식과 소양을 습득하도록 교육할 수 있다(형집행법 제63조 제1 항). 즉, 의무사항이 아닌 재량사항이다. ㉡ 소장은 「교육기본법」 제8조의 의무교육을 받지 못한 수형자에 대하 여는 본인의 의사·나이·지식 정도, 그 밖의 사정을 고려하여 그에 알맞게 교육하여야 한다(동조 제2항).
   ○ : ㉢ 동조 제3항. ㉣ 동법 제64조 제1항

09 × : ㉢ 소장은 원칙적으로 소년수형자가 석방 후 관련 직종에 취업할 의사가 없는 때에는 작업훈련 대상자로 선정할 수 없으나, 소년수형자의 선도(善導)를 위하여 필요한 경우에는 요건을 갖추지 못한 경우에도 직업훈련 대상자로 선정하여 교육할 수 있다(형집행법 시행규칙 제125조 제2항). ㉣ 법무부장관은 직업훈련을 위하여 필요한 경우 에는 수형자를 다른 교정시설로 이송할 수 있다(동법 시행규칙 제127조 제1항).
   ○ : ㉠ 동법 시행규칙 제124조 제1항. ㉡ 동조 제2항
   ※ **형집행법 시행규칙 제125조(직업훈련 대상자 선정기준)** ① 소장은 수형자가 다음 각 호의 요건을 갖춘 경우 에는 수형자의 의사, 적성, 나이, 학력 등을 고려하여 직업훈련 대상자로 선정할 수 있다.
   1. 집행할 형기 중에 해당 훈련과정을 이수할 수 있을 것(기술숙련과정 집체직업훈련 대상자는 제외한다)
   2. 직업훈련에 필요한 기본소양을 갖추었다고 인정될 것
   3. 해당 과정의 기술이 없거나 재훈련을 희망할 것
   4. 석방 후 관련 직종에 취업할 의사가 있을 것
   ② 소장은 소년수형자의 선도(善)를 위하여 필요한 경우에는 제1항의 요건을 갖추지 못한 경우에도 직업훈 련 대상자로 선정하여 교육할 수 있다.

10 × : ㉢ 귀휴자의 여비와 귀휴 중 착용할 복장은 본인이 부담한다(형집행법 시행규칙 제142조 제1항). 즉, 모든 귀휴 비용은 본인이 부담하도록 규정하고 있다. ㉣ 소장은 귀휴자가 신청할 경우 작업장려금의 전부 또는 일부를 귀휴 비용으로 사용하게 할 수 있다(동조 제2항).
   ○ : ㉠ 동법 시행규칙 제141조 제1항. ㉡ 동조 제2항

11 ① 소장은 수형자에게 작업을 부과하려면 나이·형기·건강상태·기술·성격·취미·경력·장래생계, 그 밖의 수형자의 사정을 고려하여야 한다(형집행법 제65조 제2항). 주어진 지문의 내용은 거실을 지정하는 경우에 고려하여야 할 사항에 해당한다(동법 제15조).

② 동법 제73조 제2항. ③ 동법 시행령 제93조. ④ 동법 시행령 제90조

12 ③은 보호장비의 사용요건에 해당하지 않으며 징벌부과 사유이다(형집행법 제97조 제1항).
① 동법 제100조 제1항 제3호. ② 동법 시행령 제125조. ④ 동법 제96조 제3항

보호장비의 일반적 사용요건(동법 제97조 제1항)
• 이송·출정 그 밖에 교정시설 밖의 장소로 수용자를 호송하는 때 • 도주·자살·자해 또는 다른 사람에 대한 위해의 우려가 큰 때 • 위력으로 교도관의 정당한 직무집행을 방해하는 때 • 교정시설의 설비·기구 등을 손괴하거나 그 밖에 시설의 안전 또는 질서를 해칠 우려가 큰 때

13 ② 소장이 수용자의 처우를 위하여 허가하는 경우에는 제1항 제2호의 물품(무인비행장치, 전자·통신기기, 그 밖에 도주나 다른 사람과의 연락에 이용될 우려가 있는 물품)을 지닐 수 있다(형집행법 제92조 제2항).
① 동조 제1항 제1호. ③ 동조 제1항 제3호. ④ 동조 제1항 제4호

14 ✕ : ㉠ 발목보호장비·보호대·보호의자는 제97조 제1항 제2호부터 제4호까지의 어느 하나에 해당하는 때에 사용할 수 있다(형집행법 제98조 제2항 제3호). 즉, 발목보호장비의 사용요건에 해당하지 않는다. ㉡ 도주·자살·자해 또는 다른 사람에 대한 위해의 우려가 큰 때이다(동법 제97조 제1항 제2호).
○ : ㉢ 동조 제1항 제3호. ㉣ 동조 제1항 제4호
※ **형집행법 제97조(보호장비의 사용)** ① 교도관은 수용자가 다음 각 호의 어느 하나에 해당하면 보호장비를 사용할 수 있다.
1. 이송·출정, 그 밖에 교정시설 밖의 장소로 수용자를 호송하는 때
2. 도주·자살·자해 또는 다른 사람에 대한 위해의 우려가 큰 때
3. 위력으로 교도관의 정당한 직무집행을 방해하는 때
4. 교정시설의 설비·기구 등을 손괴하거나 그 밖에 시설의 안전 또는 질서를 해칠 우려가 큰 때

15 ①② 법무부장관은 필요하다고 인정하면 이 법에서 정하는 바에 따라 교정업무를 공공단체 외의 법인·단체 또는 그 기관이나 개인에게 위탁할 수 있다. 다만 교정업무를 포괄적으로 위탁받아 한 개 또는 여러 개의 교도소 등을 설치·운영하도록 하는 경우에는 법인에게만 위탁할 수 있다(민영교도소법 제3조 제1항).
④ 교정법인 이사의 과반수는 대한민국 국민이어야 하며, 이사의 5분의 1 이상은 교정업무에 종사한 경력이 5년 이상이어야 한다(동법 제11조 제3항).
③ 동법 제26조

16 ✕ : ㉠ 교도관은 소장 또는 그 직무를 대행하는 사람의 명령을 받아 무기를 사용한다. 다만, 그 명령을 받을 시간적 여유가 없으면 그러하지 아니하다(형집행법 제101조 제3항). ㉣ 교도관은 무기를 사용한 경우에는 소장에게 즉시 보고하고, 보고를 받은 소장은 그 사실을 법무부장관에게 즉시 보고하여야 한다(동법 시행령 제126조).
○ : ㉡ 동법 제101조 제4항. ㉢ 동법 제101조 제5항

17 ✕ : ㉡ 100시간이 아닌 50시간 이내의 근로봉사(형집행법 제108조 제2호). ㉢ 2개월이 아닌 3개월 이내의 작업장려금 삭감(동조 제3호)
○ : ㉠ 동조 제1호. ㉣ 동조 제8호
※ **형집행법 제108조(징벌의 종류)** 징벌의 종류는 다음 각 호와 같다.
1. 경고
2. 50시간 이내의 근로봉사
3. 3개월 이내의 작업장려금 삭감
4. 30일 이내의 공동행사 참가정지
5. 30일 이내의 신문열람 제한
6. 30일 이내의 텔레비전 시청제한
7. 30일 이내의 자비구매물품(의사가 치료를 위하여 처방한 의약품을 제외한다) 사용제한

8. 30일 이내의 작업정지(신청에 따른 작업에 한정한다)
9. 30일 이내의 전화통화 제한
10. 30일 이내의 집필제한
11. 30일 이내의 편지수수 제한
12. 30일 이내의 접견제한
13. 30일 이내의 실외운동 정지
14. 30일 이내의 금치(禁置)

18 ④ 사업자 또는 공단은 영 제41조 제2항 단서의 규정에 의하여 갱생보호대상자에 대한 숙식제공의 기간을 연장하고 자 할 때에는 본인의 신청에 의하되, 자립의 정도, 계속보호의 필요성 기타 사항을 고려하여 이를 결정하여야 한다 (보호관찰법 시행규칙 제60조).
① 동법 시행령 제41조 제1항
② 동법 시행령 제41조 제3항
③ 동법 시행령 제41조 제2항

19 × : ⓒ 보안관찰처분심의위원회 → 법무부장관(보안관찰법 제16조 제1항). ⓔ 보안관찰처분의 기간은 보안관찰처분 결정을 집행하는 날부터 계산한다(동법 제25조 제1항).
○ : ㉠ 동법 제12조 제2항. ㉡ 동법 제14조 제1항

20 ② 소년부 판사는 사건 본인을 보호하기 위하여 긴급조치가 필요하다고 인정하면 소환 없이 동행영장을 발부할 수 있다(소년법 제14조).
① 동법 제10조
③ 임시조치로서 소년분류심사원에 위탁하는 경우 위탁기간은 1개월을 초과하지 못한다. 다만 특별히 계속 조치할 필요가 있을 때에는 한 번에 한하여 결정으로써 연장할 수 있으므로(동법 제18조 제3항) 최장 2개월을 초과할 수 없다는 것은 맞는 표현이다.
④ 동법 제19조 제2항

06 교정학 실전 모의고사 정답 및 해설

01 ④	02 ③	03 ④	04 ③	05 ④	06 ③	07 ④	08 ③	09 ④	10 ①
11 ③	12 ③	13 ④	14 ③	15 ②	16 ①	17 ②	18 ②	19 ④	20 ④

01 울프강(Wolfgang) & 페라쿠티(Ferracuti)의 폭력하위문화이론
- 밀러의 이론처럼 사회마다 특유의 문화가 형성되어 있는데, 구성원들의 행동에 그 문화가 영향을 미친다는 주장이다.
- 미국 일부 지역의 상대적으로 높은 강력범죄율(특히 살인)의 원인을 연구하였다.
  해당 지역의 문화를 조사한 결과 특정 상황에서 '문제해결을 위한 상호작용의 수단으로 폭력이 사용'되었고, 이러한 문화가 일상생활인 하위문화를 형성
- 지역 내 하위문화에 동조(순응)하는 과정에서 자연스럽게 '폭력'을 행사하여 폭력과 관련된 비행이나 범죄를 저지를 가능성이 크다.
- 폭력하위문화가 항상 주류문화와 갈등상태를 형성하는 것은 아니고, 폭력하위문화라도 모든 상황에서 폭력을 사용하지는 않는다.

02 ③ 낮은 자기통제력의 근본적인 원인을 타고난 기질에서 찾지 않고, 부모의 부적절한 양육에 의한 결과라고 보았으며, 낮은 자기통제력과 관련하여 사회화의 결여가 범죄로 이어진다고 주장하였다.
① 갓프레드슨과 허쉬는 기존의 실증주의학파와 고전주의학파를 통합하려고 한 관계로, (일반이론) 자기통제이론은 모든 유형의 범죄를 설명한다.
④ 갓프레드슨과 허쉬는 범죄유발에 영향을 주는 요인을 자기통제력과 범행기회라고 보았다. 따라서 범행기회도 중요한 기능을 한다고 주장하였다.

03 × : ㉠ 소장은 금치처분을 받은 사람에게 원칙적으로 실외운동을 제한할 수 없다(형집행법 제112조 제4항 본문).
   ㉣ 소장은 실외운동 정지를 부과하는 경우 또는 실외운동을 제한하는 경우라도 수용자가 매주 1회 이상 실외운동을 할 수 있도록 하여야 한다(동조 제5항).
○ : ㉡ 동조 제4항 본문. ㉢ 동법 시행규칙 제215조의2 제2호
※ **형집행법 제112조(징벌의 집행)** ④ 소장은 제108조 제14호(30일 이내의 금치)의 처분을 받은 사람에게 다음 각 호의 어느 하나에 해당하는 사유가 있어 필요하다고 인정하는 경우에는 건강유지에 지장을 초래하지 아니하는 범위에서 실외운동을 제한할 수 있다.
   1. 도주의 우려가 있는 경우
   2. 지해의 우려가 있는 경우
   3. 다른 사람에게 위해를 끼칠 우려가 있는 경우
   4. 그 밖에 시설의 안전 또는 질서를 크게 해칠 우려가 있는 경우로서 법무부령으로 정하는 경우
※ **동법 시행규칙 제215조의2(금치집행 중 실외운동의 제한)** 법 제112조 제4항 제4호에서 "법무부령으로 정하는 경우"란 다음 각 호와 같다.
   1. 다른 사람으로부터 위해를 받을 우려가 있는 경우
   2. 위력으로 교도관의 정당한 직무집행을 방해할 우려가 있는 경우
   3. 소란행위를 계속하여 다른 수용자의 평온한 수용생활을 방해할 우려가 있는 경우
   4. 교정시설의 설비·기구 등을 손괴할 우려가 있는 경우

04 ③ 구조적-선택이론은 생활양식·노출이론과 일상활동이론을 통합하여 범죄발생의 네 가지 요인을 범행기회와 대상선택이라는 두 가지 관점으로 압축하였다. 두 이론을 통합하여 구조적-선택의 관점에서 범죄피해를 바라봄으로써 일상활동이론에 의해 범죄기회구조에 기여하는 거시적 영향과 생활양식·노출이론에 의해 특정 범죄대상의 선택을 결정하는 미시적 과정을 모두 설명할 수 있다.
① 일상활동이론은 범죄자와 피해자의 일상활동이 특정 시간과 공간에 걸쳐 중첩되는 양식을 고려하여 범죄피해를 설명한다.

② 생활양식·노출이론은 직장이나 학교 등 직업활동과 여가활동을 포함한 매일의 일상활동이 범죄피해에 미치는 영향에 주목하였다.

④ 피해자-가해자 상호작용이론은 피해자를 범죄과정에서 일정한 역할을 담당하는 행위자로 인식하고, 피해자의 행동이나 반응이 범죄진행과정에 미치는 영향을 고려하여 범죄발전과정을 설명한다.

05 × : ㉠ 사전조사 사항 중 신원에 관한 사항에는 건강상태, 정신 및 심리상태, 책임감 및 협동심, 경력 및 교육 정도, 노동능력 및 의욕, 교정성적, 작업장려금 및 작업상태, 그 밖의 참고사항이 포함된다(형집행법 시행규칙 제246조 제1호). ㉣ 제246조 제3호의 사항(보호에 관한 사항)에 대한 조사는 형기의 3분의 1이 지나기 전에 하여야 하고, 그 후 변경된 사항이 있는 경우에는 지체 없이 그 내용을 변경하여야 한다(동법 시행규칙 제249조 제3항).

○ : ㉡ 동조 제1항. ㉢ 동조 제2항

06 ③ 노역장 유치명령을 받은 사람은 분류심사를 한다.

① 형집행법 시행규칙 제62조 제1항 제1호
② 동법 시행규칙 제62조 제1항 제2호
④ 동법 시행규칙 제62조 제2항 제2호

07 × : ㉠ 수용자가 소장의 허가 없이 무인비행장치, 전자·통신기기를 지닌 경우 2년 이하의 징역 또는 2천만원 이하의 벌금에 처한다(형집행법 제132조 제1항). ㉣ 제133조(금지물품의 반입) 및 제135조(녹화 등의 금지)의 미수범은 처벌한다(동법 제136조). 제132조(금지물품의 소지) 및 제133조(금지물품의 반입)에 해당하는 금지물품은 몰수한다(동법 제137조).

○ : ㉡ 동법 제133조 제2항. ㉢ 동법 제135조

08 ○ : ㉠ 소장은 수용자거실을 작업장으로 사용해서는 아니 된다. 다만, 수용자의 심리적 안정, 교정교화 또는 사회적 응능력 함양을 위하여 특히 필요하다고 인정하면 그러하지 아니하다(형집행법 시행령 제11조). ㉢ 동법 시행규칙 제15조 제2항. ㉤ 동법 시행규칙 제74조 제2항 제4호

× : ㉡ 소장은 신입자가 환자이거나 부득이한 사정이 있는 경우가 아니면 수용된 날부터 3일 동안 신입자거실에 수용하여야 한다(동법 시행령 제18조 제1항). 소장은 신입자거실에 수용된 사람에게는 작업을 부과해서는 아니 된다(동조 제2항). ㉣ 소장은 수형자가 개방처우급 또는 완화경비처우급으로서 작업·교육 등의 성적이 우수하고 관련 기술이 있는 경우에는 교도관의 작업지도를 보조하게 할 수 있다(동법 시행규칙 제94조).

09 ④ 형사조정위원의 임기는 2년으로 하며, 연임할 수 있다(범죄피해자 보호법 제42조 제5항).

① 동법 제42조 제1항. ② 동법 제42조 제2항. ③ 동법 제42조 제3항

10 ① 청구인은 천주교를 신봉하는 자로서 피청구인은 청구인의 천주교집회에는 참석을 모두 허용하였으나, 청구인이 평소 신봉하지 않던 불교집회에 참석하겠다고 신청을 하여 이를 거부하였던바 이는 수형자가 그가 신봉하는 종파의 교의에 의한 특별교회를 청할 때에는 당해 소장은 그 종파에 위촉하여 교회할 수 있다고 규정하고 있는 행형법 제31조 제2항 및 관련 규정에 따른 것이다. 뿐만 아니라 수형자가 원한다고 하여 종교집회 참석을 무제한 허용한다면 효율적인 수형관리와 계호상의 어려움이 발생하고 진정으로 그 종파를 신봉하는 다른 수형자가 종교집회에 참석하지 못하게 되는 결과를 초래하므로 피청구인의 위와 같은 조치는 청구인의 기본권을 본질적으로 침해하는 것이 아니다(헌재 2005.3.31. 2004헌마911).

② 헌재 1992.1.28. 91헌마111. ③ 헌재 1998.10.29. 98헌마4. ④ 대판 2005.8.25. 2005도1731

11 ③ 이 법은 교정시설의 구내와 교도관이 수용자를 계호하고 있는 그 밖의 장소로서 교도관의 통제가 요구되는 공간에 대하여 적용한다(형집행법 제3조). 즉, 원칙적으로는 교정시설의 구내, 예외적으로는 교도관이 수용자를 계호하고 있는 그 밖의 장소로서 교도관의 통제가 요구되는 공간에 대하여 적용된다 할 것이다.

12 ①②④ 교도관은 보호장비 착용 수용자의 목욕, 식사, 용변, 치료 등을 위하여 필요한 경우에는 보호장비 사용을 일시 중지하거나 완화할 수 있다(형집행법 시행규칙 제184조 제2항).

13 × : ㉠ 형집행법은 구분수용을 원칙으로 하나, 성별 또는 불가피한 사정으로 구분수용할 수 없는 경우에는 분리수용
하도록 규정하고 있다(형집행법 제12조, 제13조). ㉣ 제12조(구분수용의 예외)에 따라 수형자와 미결수용자, 19
세 이상의 수형자와 19세 미만의 수형자를 같은 교정시설에 수용하는 경우에는 서로 분리하여 수용한다(동법
제13조 제2항).
　○ : ㉡ 동조 제1항. ㉢ 동조 제2항

14 ○ : ㉡ 형집행법 시행령 제82조 제1항, ㉢ 동법 제83조, ㉤ 동법 제12조 제1항 제3호
　× : ㉠ 미결수용자가 수용된 거실은 참관할 수 없다(동법 제80조), ㉣ 미결수용자를 수용하는 시설의 설비 및 계호의
정도는 일반경비시설에 준한다(동법 시행령 제98조).

15 × : ㉡ 지방교정청장의 이송승인은 관할 내 이송으로 한정한다(형집행법 시행령 제22조 제2항). 따라서 자신의 관할
을 벗어난 지역으로의 이송승인은 법무부장관이 하여야 한다(동법 제20조 제1항). ㉢ 소장은 수용자를 다른 교
정시설에 이송하는 경우에 의무관으로부터 수용자가 건강상 감당하기 어렵다는 보고를 받으면 이송을 중지하고
그 사실을 이송받을 소장에게 알려야 한다(동법 시행령 제23조).
　○ : ㉠ 동법 시행령 제22조 제1항 제3호. ㉣ 동법 시행령 제24조

16 ① 회복적 사법에서는 피해자와 가해자의 자발적인 참여를 유도하여 합의와 조정을 이끌어낸다.

17 • 보호관찰소의 장은 보호관찰 대상자가 제32조의 준수사항을 위반하거나 위반할 위험성이 있다고 인정할 상당한 이
유가 있는 경우에는 준수사항의 이행을 촉구하고 형의 집행 등 불리한 처분을 받을 수 있음을 경고할 수 있다(보호
관찰 등에 관한 법률 제38조).
• 보호관찰소의 장은 보호관찰 대상자가 제32조의 준수사항을 위반하였거나 위반하였다고 의심할 상당한 이유가 있
고, 다음 각 호의 어느 하나에 해당하는 사유가 있는 경우에는 관할 지방검찰청의 검사에게 신청하여 검사의 청구
로 관할 지방법원 판사의 구인장을 발부받아 보호관찰 대상자를 구인할 수 있다(동법 제39조 제1항).
1. 일정한 주거가 없는 경우
2. 제37조 제1항에 따른 소환에 따르지 아니한 경우
3. 도주한 경우 또는 도주할 염려가 있는 경우

18 ② 갱생보호사업을 하려는 자는 법무부령으로 정하는 바에 따라 법무부장관의 허가를 받아야 한다(보호관찰법 제67조
제1항).
③ 동법 제3조 제3항. ④ 동법 제71조

19 ④ 만 19세 미만의 자에 대하여 부착명령을 선고한 때에는 19세에 이르기까지 이 법에 따른 전자장치를 부착할 수
없다(전자장치부착법 제4조). 즉, 전자장치 부착명령을 선고할 수 있으나, 19세에 이르기까지 부착할 수 없다.
① 검사는 강도범죄로 징역형의 실형을 선고받은 사람이 그 집행을 종료한 후 또는 집행이 면제된 후 10년 이내에
다시 강도범죄를 저지른 자로서 강도범죄를 다시 범할 위험성이 있다고 인정되는 사람에 대하여 부착명령을 법원
에 청구할 수 있다(동법 제5조 제4항 제1호).
② 피부착자는 주거를 이전하거나 7일 이상의 국내여행을 하거나 출국할 때에는 미리 보호 관찰관의 허가를 받아야
한다(동법 제14조 제3항).
③ 보호관찰소의 장 또는 피부착자 및 그 법정대리인은 해당 보호관찰소를 관할하는 심사위원회에 부착명령의 임지해
제를 신청할 수 있으며, 이 신청은 부착명령의 집행이 개시된 날부터 3개월이 경과한 후에 하여야 한다.(동법 제
17조 제1항·제2항)

20 × : ㉠ 수용자는 편지·도서, 그 밖에 수용생활에 필요한 물품을 법무부장관이 정하는 범위에서 지닐 수 있다(형집행
법 제26조 제1항). ㉣ 수용자 외의 사람이 수용자에게 금품을 건네줄 것을 신청하는 때에는 소장은 수형자의
교화 또는 건전한 사회복귀를 해칠 우려가 있거나, 시설의 안전 또는 질서를 해칠 우려가 있는 때에 해당하지
아니하면 허가하여야 한다(동법 제27조 제1항).
　○ : ㉡ 동법 제26조 제2항. ㉢ 동조 제3항

07 교정학 실전 모의고사 정답 및 해설

| 01 ④ | 02 ④ | 03 ④ | 04 ③ | 05 ③ | 06 ④ | 07 ① | 08 ④ | 09 ② | 10 ③ |
| 11 ② | 12 ② | 13 ④ | 14 ③ | 15 ③ | 16 ③ | 17 ① | 18 ③ | 19 ④ | 20 ④ |

01 ④ 레머트(Lemert)는 최초 일탈자를 2차 일탈자로 악화시키는 사법기관의 낙인효과를 지적하면서 범죄예방대책으로 서 비범죄화나 다이버전으로 낙인찍기를 회피하여야 한다고 주장하였다.

02 ④ 중화이론에 따르면, 범죄란 범죄자에게 내면화되어 있는 규범의식과 가치관이 중화·마비되면서 발생한다.

▌중화기술의 유형

책임의 부정(회피)	자신이 아닌 다른 사람, 환경 등에 책임을 전가함으로써 합리화 예 나와 같은 처지였다면 누구나 그러한 행동을 했을 것이다.
가해(해악)의 부정	자신의 행위는 누구에게도 피해를 주지 않았다고 생각함으로써 합리화 예 물건을 빌린 것이지 훔친 것이 아니다.
피해자의 부정	피해자는 피해를 받아 마땅하고, 따라서 자신의 행위는 정의로운 응징이라고 합리화 예 내가 비록 상점의 물건을 훔쳤지만, 그 상점주인은 정직하지 못한 사람이다.
비난하는 자를 비난	사회통제기관을 부패한 자들로 규정하여 자신을 심판할 자격이 없다고 합리화 예 경찰은 부패한 공무원인데 왜 나를 비난하는가?
고도의 충성심에의 호소	친근한 집단을 위한 충성심이나 의리 때문에 저지른 불가피한 행위였다고 합리화 예 나의 범죄는 가족을 먹여 살리기 위한 행위였을 뿐이다.

03 ④ 실증주의의 특별예방관점에 의한 재범방지모델, 즉 사회복귀모델에 대한 설명이다.
① 2차적 범죄예방은 범행가능성이 있는 잠재적 범죄자를 조기에 발견하고 그를 감시·교육함으로써 반사회적 행위에 이르기 전에 미리 예방하는 것을 말하고, 상황적 범죄예방모델은 환경설계를 통해 범죄기회를 차단하고 범죄자에 게 범죄이익의 감소를 인식케 하여 범죄를 예방한다. 상황적 범죄예방모델은 브랜팅햄과 파우스트의 범죄예방모델 중에서 2차적 범죄예방에 속한다.

04 × : ⓒ 소장은 교화 및 처우상 특히 필요한 경우에는 수용자가 다른 교정시설의 수용자와 통신망을 이용하여 화상으 로 접견하는 것(이하 "화상접견"이라 한다)을 허가할 수 있다. 이 경우 화상접견은 제1항의 접견 허용횟수(경비 처우급별 접견 허용횟수)에 포함한다(형집행법 시행규칙 제87조 제3항). ⓔ 소장은 개방처우급 수형자에 대하여 는 법무부장관이 정하는 바에 따라 접촉차단시설이 설치된 장소 외의 적당한 곳에서 접견을 실시할 수 있다. 다만, 처우상 특히 필요하다고 인정하는 경우에는 그 밖의 수형자에 대하여도 이를 허용할 수 있다(동법 시행규 칙 제88조).
○ : ⊙ 동법 시행규칙 제87조 제1항 제1호. ⓒ 동법 시행규칙 제87조 제1항 제3호·제2항
※ **형집행법 시행규칙 제87조(접견)** ① 수형자의 경비처우급별 접견의 허용횟수는 다음 각 호와 같다.
1. 개방처우급 : 1일 1회
2. 완화경비처우급: 월 6회
3. 일반경비처우급: 월 5회
4. 중(重)경비처우급: 월 4회
② 제1항 제2호부터 제4호까지의 경우 접견은 1일 1회만 허용한다. 다만, 처우상 특히 필요한 경우에는 그 러하지 아니하다.
③ 소장은 교화 및 처우상 특히 필요한 경우에는 수용자가 다른 교정시설의 수용자와 통신망을 이용하여 화 상으로 접견하는 것(이하 "화상접견"이라 한다)을 허가할 수 있다. 이 경우 화상접견은 제1항의 접견 허용 횟수에 포함한다.

05 ③ 법무부장관은 교정시설의 운영, 교도관의 복무, 수용자의 처우 및 인권실태 등을 파악하기 위하여 매년 1회 이상 교정시설을 순회점검하거나 소속 공무원으로 하여금 순회점검하게 하여야 한다(형집행법 제8조).
  ① 소장은 다음 각 호의 어느 하나에 해당하는 사유가 있는 수형자에 대하여는 제1항에도 불구하고 5일 이내의 특별 귀휴를 허가할 수 있다(동법 제77조 제2항).
  　1. 가족 또는 배우자의 직계존속이 사망한 때
  　2. 직계비속의 혼례가 있는 때
  ② 동법 제12조 제3항
  ④ 동법 제7조 제1항

06 ④ 전화통화 불허가사유가 아닌 것은 ㉠㉣이다.
  ㉠ 소장은 전화통화(발신하는 것만을 말한다)를 신청한 수용자에 대하여 다음 각 호의 어느 하나에 해당하는 사유가 없으면 전화통화를 허가할 수 있다. 다만, 미결수용자에게 전화통화를 허가할 경우 그 허용횟수는 월 2회 이내로 한다(형집행법 시행규칙 제25조 제1항).
  　1. 범죄의 증거를 인멸할 우려가 있을 때
  　2. 형사법령에 저촉되는 행위를 할 우려가 있을 때
  　3. 「형사소송법」 제91조 및 같은 법 제29조에 따라 접견·편지수수 금지결정을 하였을 때
  　4. 교정시설의 안전 또는 질서를 해칠 우려가 있을 때
  　5. 수형자의 교화 또는 건전한 사회복귀를 해칠 우려가 있을 때
  ㉣ 전화통화 허가취소사유에 해당한다(동법 시행규칙 제27조 제2호).

07 × : ㉠ 여성수용자는 자신이 출산한 유아를 교정시설에서 양육할 것을 신청할 수 있다(형집행법 제53조 제1항 본문). 즉, 생모(生母)가 아닌 양모(養母)는 신청할 수 없다. ㉡ 위 경우 소장은 일정한 불허가사유가 없으면, 생후 18개월에 이르기까지 허가하여야 한다(동조 제1항 단서).
  ○ : ㉢ 동법 시행령 제79조. ㉣ 동법 시행령 제80조 제1항

08 × : ㉠ 소장은 가석방 또는 형기종료를 앞둔 수형자 중에서 법무부령으로 정하는 일정한 요건을 갖춘 사람에 대해서는 가석방 또는 형기종료 전 일정 기간 동안 지역사회 또는 교정시설에 설치된 개방시설에 수용하여 사회적응에 필요한 교육, 취업지원 등의 적정한 처우를 할 수 있다(형집행법 제57조 제4항). ㉣ 소장은 징벌대상자가 증거를 인멸할 우려가 있거나, 다른 사람에게 위해를 끼칠 우려가 있거나 다른 수용자의 위로부터 보호할 필요가 있는 때에는, 접견·편지수수·전화통화·실외운동·작업·교육훈련, 공동행사 참가, 중간처우 등 다른 사람과의 접촉이 가능한 처우의 전부 또는 일부를 제한할 수 있다(동법 제110조 제2항).
  ○ : ㉡ 학과교육생·직업훈련생·외국인·여성·장애인·노인·환자·소년(19세 미만인 자를 말한다), 중간처우의 대상자, 그 밖에 별도의 처우가 필요한 수형자는 법무부장관이 특히 그 처우를 전담하도록 정하는 시설(이하 "전담교정시설"이라고 한다)에 수용되며, 그 특성에 알맞은 처우를 받는다. 다만, 전담교정시설의 부족이나 그 밖의 부득이한 사정이 있는 경우에는 예외로 할 수 있다(동법 제57조 제6항). ㉢ 동법 제63조 제3항

09 ○ : ㉠ 벌금미납법 제4조 제1항·제2항. ㉡ 형법 제71조. ㉺ 벌금미납법 제12조 제2항
  × : ㉢ 시효는 형을 선고하는 재판이 확정된 후 그 집행을 받지 아니하고, 벌금의 경우 5년이 지나면 완성된다(형법 제78조). ㉣ 3년 이하의 징역이나 500만원 이하의 벌금의 형을 선고할 경우에 제51조의 사항을 참작하여 그 정상에 참작할 만한 사유가 있는 때에는 1년 이상 5년 이하의 기간 형의 집행을 유예할 수 있다(동법 제62조 제1항 본문).

10 ③ 사회봉사·수강명령대상자에 대한 특별준수사항은 보호관찰대상자에 대한 것과 같을 수 없고, 따라서 보호관찰대상자에 대한 특별준수사항을 사회봉사·수강명령대상자에게 그대로 적용하는 것은 적합하지 않다(대법원 2009. 3.30. 2008모1116).
  ① 형법 제62조의2 제1항·제3항. ② 보호관찰법 제59조 제1항. ④ 대법원 2018.10.4. 2016도15961

11 ② ㄱ. 30, ㄴ. 5, ㄷ. 1. 따라서 숫자의 합은 36이다.
  ㄱ. 경찰관서에 설치된 유치장에는 수형자를 30일 이상 수용할 수 없다(형집행법 시행령 제107조).

ㄴ. 개방처우급 수형자의 전화통화 허용횟수는 처우상 특히 필요한 경우를 제외하고는 월 5회 이내이다(동법 시행규칙 제90조 제1항 제1호).

ㄷ. 형의 선고를 유예하는 경우에 재범방지를 위하여 지도 및 원호가 필요한 때에는 보호관찰을 받을 것을 명할 수 있고, 보호관찰의 기간은 1년으로 한다(형법 제59조의2 제1항·제2항).

12 ⓒ 현행법령상 수형자의 개별적인 특성에 따라 중점처우의 내용을 구별하는 기준은 개별처우급이다(형집행법 시행규칙 제72조 제3호). 중점처우급이라는 처우등급은 없다.

※ **형집행법 시행규칙 제72조(처우등급)** 수형자의 처우등급은 다음 각 호와 같이 구분한다.

1. 기본수용급: 성별·국적·나이·형기 등에 따라 수용할 시설 및 구획 등을 구별하는 기준
2. 경비수용급: 도주 등의 위험성에 따라 수용시설과 계호의 정도를 구별하고 범죄성향의 진전과 개선 정도, 교정성적에 따라 처우수준을 구별하는 기준
3. 개별처우급: 수형자의 개별적인 특성에 따라 중점처우의 내용을 구별하는 기준

13 × : ㉠ 소장은 교육대상자를 소속기관(소장이 관할하고 있는 교정시설을 말한다)에서 선발하여 교육한다. 다만, 소속기관에서 교육대상자를 선발하기 어려운 경우에는 다른 기관에서 추천한 사람을 모집하여 교육할 수 있다(형집행법 시행규칙 제101조 제1항). ㉣ 제110조부터 제113조까지의 규정(독학에 의한 학위 취득과정, 방송통신대학과정, 전문대학 위탁교육과정, 정보화 및 외국어 교육과정)에 따른 교육을 실시하는 경우 소요되는 비용은 특별한 사정이 없으면 교육대상자의 부담으로 한다(동법 시행규칙 제102조 제2항).

○ : ㉡ 동법 시행규칙 제101조 제2항. ㉢ 동법 시행규칙 제102조 제1항

14 × : ㉢ 소장은 직업훈련 대상자가 일정한 사유에 해당하는 경우에는 직업훈련을 보류할 수 있다(형집행법 시행규칙 제128조 제1항). ㉣ 소장은 직업훈련이 보류된 수형자가 그 사유가 소멸되면 본래의 과정에 복귀시켜 훈련하여야 한다. 다만, 본래 과정으로 복귀하는 것이 부적당하다고 인정하는 경우에는 해당 훈련을 취소할 수 있다(동조 제2항).

○ : ㉠ 동법 시행규칙 제127조 제1항. ㉡ 동조 제2항

※ **형집행법 시행규칙 제28조(직업훈련의 보류 및 취소 등)** ① 소장은 직업훈련 대상자가 다음 각 호의 어느 하나에 해당하는 경우에는 직업훈련을 보류할 수 있다.

1. 징벌대상행위의 혐의가 있어 조사를 받게 된 경우
2. 심신이 허약하거나 질병 등으로 훈련을 감당할 수 없는 경우
3. 소질·적성·훈련성적 등을 종합적으로 고려한 결과 직업훈련을 계속할 수 없다고 인정되는 경우
4. 그 밖에 직업훈련을 계속할 수 없다고 인정되는 경우

15 ③ 1908년 7월 23일 개정된 형법대전 중 보방규칙에서는 보방을 가방(假放)으로 변경하고, 3년 이상 15년 이하의 유형이나 도형에 처한 죄수에게는 그 형기의 2분의 1 이상을, 종신형은 10년 이상을 경과하면 법무대신이 가방을 허가할 수 있도록 하였다.

16 ① 법원으로부터 벌금선고와 동시에 벌금을 완납할 때까지 노역장에 유치할 것을 명받은 사람은 사회봉사를 신청할 수 없다(벌금미납자법 제4조 제2항).

② 검사는 신청일부터 7일 이내에 사회봉사의 청구 여부를 결정하여야 한다. 다만, 제2항에 따른 출석 요구, 자료제출 요구에 걸리는 기간은 위 기간에 포함하지 아니한다(동법 제5조 제4항). 따라서 '출석요구기간을 포함하여'는 틀린 표현이다.

④ 법원은 사회봉사를 허가하는 경우 벌금 미납액에 의하여 계산된 노역장 유치 기간에 상응하는 사회봉사시간을 산정하여야 한다. 다만, 산정된 사회봉사시간 중 1시간 미만은 집행하지 아니한다(동법 제6조 제4항).

③ 동법 제5조 제6항

17 ① 올린(Ohlin)은 보호관찰관의 유형으로서 처벌적 관찰관, 보호적 관찰관, 복지적 관찰관, 수동적 관찰관을 들었는데, 이 중 보호적 관찰관이란 사회와 범죄인의 보호 양자 사이를 망설이는 유형으로, 직접적인 지원이나 강연·칭찬·꾸중의 방법을 주로 이용한다. 이러한 유형은 사회와 범죄인의 입장을 번갈아 편들기 때문에 어중간한 입장에 처하기 쉬우며, 지역사회보호와 범죄자보호 양쪽 사이에서 갈등을 가장 크게 겪게 된다.

18 ① 전자장치부착법 제5조 제1항 제2호, ② 동조 제3호, ④ 동법 제4조, 제5조 제1항 제4호
③은 이에 해당하지 않는다.

검사가 성폭력범죄를 범한 자로서 성폭력범죄를 다시 범할 위험성이 있다고 인정되는 사람에 대하여 전자장치부착명령을 법원에 청구할 수 있는 경우
• 성폭력범죄로 징역형의 실형을 선고받은 사람이 그 집행을 종료한 후 또는 집행이 면제된 후 10년 이내에 성폭력범죄를 저지른 때
• 성폭력범죄로 이 법에 따른 전자장치를 부착받은 전력이 있는 사람이 다시 성폭력범죄를 저지른 때
• 성폭력범죄를 2회 이상 범하여(유죄의 확정판결을 받은 경우를 포함한다) 그 습벽이 인정된 때
• 19세 미만의 사람에 대하여 성폭력범죄를 저지른 때
• 신체적 또는 정신적 장애가 있는 사람에 대하여 성폭력범죄를 저지른 때

19 ④ 사법정의를 위한 모델
①②③ 교화개선을 위한 모델(교화개선모델)

20 ①②③ 소년부 판사는 사건을 조사 또는 심리하는 데 필요하다고 인정하면 소년의 감호에 관하여 결정으로써 다음과 같은 임시조치를 할 수 있다(소년법 제18조 제1항).

소년부 판사가 소년의 감호에 관하여 할 수 있는 임시조치
• 보호자, 소년을 보호할 수 있는 적당한 자 또는 시설에 위탁
• 병원이나 그 밖의 요양소에 위탁
• 소년분류심사원에 위탁

08 교정학 실전 모의고사 정답 및 해설

01 ①	02 ③	03 ④	04 ④	05 ①	06 ④	07 ③	08 ①	09 ④	10 ②
11 ③	12 ④	13 ④	14 ①	15 ④	16 ②	17 ②	18 ①	19 ②	20 ①

01 ① 낙인이론에 관한 경험적 연구들은 개인이 독립적인 주체로서 낙인을 내면화하는 과정을 명확하게 실증하지 못하는 단점이 있다.

02 ③ 티틀(Tittle)의 통제균형이론에 대한 설명으로, 한 사람이 다른 사람에게 받는 통제의 양과 한 사람이 다른 사람에게 행사하는 통제의 양이 균형을 이룰 때 순응이 발생하고, 통제의 양의 불균형은 비행·범죄행위를 야기한다고 본다.

03 ④ 절도안치는 외딴 섬에 죄인을 격리하여 안치하는 유형의 일종이다. 관원에 대하여 과하는 유형은 부처이다.

04 ④ 쉐이퍼(스차퍼)는 멘델존과 헨티히의 피해자 유형에 대한 연구를 보완하면서 피해자의 기능에 관심을 보였다. 그는 범죄피해자를 기능적 책임성(Functional Responsibility)을 기준으로 책임 없는 피해자(unrelated victim), 적극적 범죄유발 피해자(provocative victim), 행위촉진적 피해자(precipitative victim), 신체적으로 나약한 피해자(biologically weak victim), 사회적으로 나약한 피해자(socially weak victim), 자기희생적 피해자(self-victimizing), 정치적 피해자(political victim)로 분류하였다.

05 × : ㉠ 수형자의 건전한 사회복귀를 지원하기 위하여 교정시설에 취업알선 및 창업지원에 관한 협의기구를 둘 수 있다(형집행법 시행령 제85조 제1항). 즉, 임의기구이다. ㉡ 협의회는 회장 1명을 포함하여 3명 이상 5명 이하의 내부위원과 10명 이상의 외부위원으로 구성하고, 외부위원의 임기는 3년으로 하며, 연임할 수 있다(동법 시행규칙 제145조 제1항, 제146조 제2항).
　　○ : ㉢ 동법 시행규칙 제145조 제2항. ㉣ 동법 시행규칙 제148조 제1항
　　※ 형집행법 시행규칙 제148조(취업지원협의회의 회의) ① 협의회의 회의는 반기마다 개최한다. 다만, 다음 각 호의 어느 하나에 해당하는 경우에는 임시회의를 개최할 수 있다.
　　　1. 수형자의 사회복귀 지원을 위하여 협의가 필요할 때
　　　2. 회장이 필요하다고 인정하는 때
　　　3. 위원 3분의 1 이상의 요구가 있는 때

06 × : ㉠ 교도관은 시설의 안전과 질서유지를 위하여 필요하면 수용자의 신체·의류·휴대품·거실 및 작업장 등을 검사할 수 있다(형집행법 제93조 제1항). ㉣ 여성의 신체·의류 및 휴대품에 대한 검사는 여성교도관이 하여야 한다(동조 제4항). 따라서 이 경우 예외 없이 반드시 여성교도관이 하여야 한다. 참고로, 예외를 규정하고 있는 대표적인 조항은 다음과 같다. 소장은 여성수용자에 대하여 상담·교육·작업 등을 실시하는 때에는 여성교도관이 담당하도록 하여야 한다. 다만, 여성교도관이 부족하거나 그 밖의 부득이한 사정이 있으면 그러하지 아니하다(동법 제51조 제1항).
　　○ : ㉡ 동법 제93조 제2항. ㉢ 동조 제3항

07 ③ 교도관은 보호의자·보호침대·보호복 착용 수용자의 목욕, 식사, 용변, 치료 등을 위하여 그 사용을 일시중지하거나 완화하는 경우를 포함하여 8시간을 초과하여 사용할 수 없으며, 사용중지 후 4시간이 경과하지 아니하면 다시 사용할 수 없다(형집행법 시행규칙 제176조 제2항, 제177조 제2항, 제178조 제2항).

08 × : ㉠ 총기의 사용절차는 구두경고 → 공포탄 발사 → 위협사격 → 조준사격의 순서에 따라야 한다. 다만, 상황이 긴급하여 시간적 여유가 없을 때에는 예외로 한다(형집행법 시행규칙 제192조). ㉡ 소장은 소속 교도관에 대하여 연 1회 이상 총기의 조작·정비·사용에 관한 교육을 한다(동법 시행규칙 제193조 제1항).

○ : ⓒ 동조 제2항. ⓔ 동조 제3항

09 × : ⓐ 제108조 제4호부터 제13호까지의 처분(금치를 제외한 30일 이내의 각종 제한)은 함께 부과할 수 있다(형집행법 제109조 제1항). ⓔ 징벌사유가 발생한 날부터 2년이 지나면 이를 이유로 징벌을 부과하지 못한다(동조 제4항).
  ○ : ⓑ 동조 제2항. ⓒ 동조 제3항
  ※ **형집행법 제109조(징벌의 부과)** ② 수용자가 다음 각 호의 어느 하나에 해당하면 제108조 제2호부터 제14호까지의 규정에서 정한 징벌(경고를 제외한 징벌)의 장기의 2분의 1까지 가중할 수 있다.
    1. 2 이상의 징벌사유가 경합하는 때
    2. 징벌이 집행 중에 있거나 징벌의 집행이 끝난 후 또는 집행이 면제된 후 6개월 내에 다시 징벌사유에 해당하는 행위를 한때

10 ② 사회봉사명령은 14세 이상의 소년을 대상으로 하며(동법 제32조 제3항), 200시간을 초과할 수 없다(소년법 제33조 제4항).
  ① 동법 제33조 제1항. ③ 동법 제32조 제2항 제1호·제2호. ④ 동법 제33조 제1항

11 × : ⓒ 수용자가 이송 중에 징벌대상행위를 하거나 다른 교정시설에서 징벌대상행위를 한 사실이 이송된 후에 발각된 경우에는 그 수용자를 인수한 소장이 징벌을 부과한다(형집행법 시행령 제136조). ⓔ 소장은 징벌집행 중인 수용자의 심리적 안정과 징벌대상행위의 재발방지를 위해서 교도관으로 하여금 징벌집행 중인 수용자에 대한 심리상담을 하게 해야 한다(동법 시행규칙 제233조 제1항).
  ○ : ⓐ 동법 시행령 제134조. ⓑ 동법 시행령 제135조

12 ①②③ 위 사례는 교정시설의 설비·기구 등을 손괴하거나 그 밖에 시설의 안전 또는 질서를 해칠 우려가 큰 때(형집행법 제97조 제1항 제4호)에 해당한다. 이 경우 사용할 수 있는 보호장비로는 수갑, 포승, 발목보호장비, 보호대, 보호의자이다(동법 제98조 제2항 제1호·제3호).
  ④ 보호침대는 보호복과 더불어 자살·자해의 우려가 큰 때에 사용할 수 있는 보호장비이다(동조 제4호).

13 × : ⓐ 재산에 관한 죄를 지은 수형자에 대하여는 특히 그 범행으로 인하여 발생한 손해의 배상 여부 또는 손해를 경감하기 위한 노력 여부를 심사하여야 한다(형집행법 시행규칙 제255조 제1항). ⓔ 소장은 가석방 허가에 따라 수형자를 가석방하는 경우에는 가석방자 교육을 하고, 지켜야 할 사항을 알려준 후 증서를 발급해야 한다(동법 시행령 제140조).
  ○ : ⓑ 동법 시행규칙 제256조. ⓒ 동법 시행규칙 제257조 제1항

14 ① ⓐ 24시간 ⓑ 1년 ⓒ 1년
  ※ **형집행법 제134조(출석의무 위반 등)** 다음 각 호의 어느 하나에 해당하는 행위를 한 수용자는 1년 이하의 징역에 처한다.
    1. 정당한 사유 없이 제102조 제4항(천재지변이나 그 밖의 사변에 대한 피난의 방법이 없는 경우에 이송이 불가능하여 일시석방된 사람이 석방 후 24시간 이내에 교정시설 또한 경찰관서에 출석하여야 할 의무)을 위반하여 일시석방 후 24시간 이내에 교정시설 또는 경찰관서에 출석하지 아니하는 행위
    2. 귀휴·외부통근, 그 밖의 사유로 소장의 허가를 받아 교도관은 계호 없이 교정시설 밖으로 나간 후에 정당한 사유 없이 기한까지 돌아오지 아니하는 행위

15 ④ 가석방의 기간은 무기형에 있어서는 10년, 유기형에 있어서는 남은 형기로 하되 그 기간은 10년을 초과할 수 없다(형법 제73조의2 제1항).
  ① 동법 제73조 제1항. ② 동법 제73조의2 제2항. ③ 동법 제72조 제2항

16 사회봉사 대상자는 법원으로부터 사회봉사 허가의 고지를 받은 날부터 10일 이내에 사회봉사 대상자의 주거지를 관할하는 보호관찰소의 장에게 주거, 직업, 그 밖에 대통령령으로 정하는 사항을 신고하여야 한다(벌금미납자법 제8조 제1항).

17 ① 심사위원회는 임시해제결정을 받은 사람에 대하여 다시 보호관찰을 하는 것이 적절하다고 인정되면 보호관찰소의 장의 신청을 받거나 직권으로 임시해제 결정을 취소할 수 있다(보호관찰법 제52조 제3항).
③ 심사위원회의 회의는 재적위원 과반수의 출석으로 개의하고, 출석위원 과반수의 찬성으로 의결한다(동법 제12조 제1항).
④ 심사위원회의 회의는 비공개로 한다(동조 제3항). ② 동법 제52조 제1항

18 ① 전자장치부착법 제5조 제2항 단서
② 임의적 청구(동조 제4항 제3호)
③ 임의적 청구(동조 제1항 제1호)
④ 임의적 청구(동조 제1항 제5호)

19 ② 적응모형에서는 범죄자 스스로 책임 있는 선택과 합법적 결정을 할 수 있다고 간주하므로 현실요법, 환경요법, 집단지도 상호작용, 교류분석, 긍정적 동료문화 등의 처우기법을 활용한다.

의료모형	비행소년은 통제불능요인에 의해 범죄자로 결정된 사회적 병질자이므로 치료의 대상이다.
적응(조정) 모형	비행소년은 환자가 아니라 합리적 결정을 할 수 있는 자이므로 전문가의 치료를 요한다.
범죄통제모형	비행소년에 대해서는 훈육과 처벌을 통해 강경하게 대처해야 한다.
최소제한모형	비행소년에 대해서는 형사사법기관의 개입을 최소화해야 하며, 비시설적 처우가 바람직하다.

20 ① 소년보호사건의 심리는 공개하지 아니한다(소년법 제24조 제2항).

09 교정학 실전 모의고사 정답 및 해설

| 01 ② | 02 ④ | 03 ② | 04 ③ | 05 ③ | 06 ④ | 07 ② | 08 ③ | 09 ④ | 10 ④ |
| 11 ③ | 12 ④ | 13 ③ | 14 ① | 15 ① | 16 ② | 17 ③ | 18 ④ | 19 ③ | 20 ② |

01 ② 초기 사회해체이론가인 쇼와 메케이는 사회해체의 개념을 명확히 측정하지 못했다.
  ① 지역사회가 공통으로 겪는 문제를 자체적으로 해결할 수 있는 능력을 상실한 상태를 사회해체라고 한다.
  ③ 비행의 원인이 사회해체에 기인하므로 개별비행자의 처우는 비효과적이고, 도시 생활환경에 영향을 미치는 지역사회의 조직화가 필요한데, 그 예가 시카고지역프로젝트이다.
  ④ 윌슨(Wilson)과 켈링(Kelling)의 깨진유리창이론, 샘슨(Sampson)의 집합효율성이론, 환경범죄학 등은 사회해체이론을 계승·발전한 것이다.

02 ④ 비난자에 대한 비난이 아닌 책임의 부정에 해당한다. 책임의 부정은 가난, 나쁜 친구의 유혹, 음주 등에 책임을 전가하고, 자신도 피해자라고 한다.

03 ② 일상활동이론은 1970년대 미국의 범죄증가율을 설명하기 위해 코헨과 펠슨이 제안한 이론으로, 억제이론과 합리적 선택이론의 요소들을 근간으로 한다. 이 이론은 범죄율을 설명함에 있어서 미시적이고도 거시적인 접근을 시도한다.
  ① 힌델랑(Hindelang)의 생활양식·노출이론은 개인의 직업적 활동·여가활동 등 모든 일상적 활동의 생활양식이 그 사람의 범죄피해 위험성을 높이는 중요한 요인이 된다는 이론으로, 인구학적·사회학적 계층, 지역에 따른 범죄율의 차이는 피해자의 개인적 생활양식의 차이를 반영한다고 한다.
  ③ 미시적인 차원에서 코헨과 펠슨은 시간, 공간, 대상물, 사람을 기본요소로 범죄에 대한 일상활동이론을 발전시켰으며, 핵심은 범죄삼각형이라는 동기화된 범죄자, 범행에 적합한 대상, 보호(감시)의 부재라는 세 가지 요소가 동일한 시간과 공간에서 만나면 범죄발생의 가능성이 높아진다는 것이다. 거시적인 차원에서의 일상활동이론은 거대사회와 지역사회의 어떠한 특징이 미시적 차원에서 세 가지 핵심요소의 결합을 통한 범죄발생을 더 용이하게 한다고 설명한다.
  ④ 펠슨은 감시인 또는 보호자는 경찰이나 민간경비원 등의 공식 감시인을 의미하는 것이 아니라, 그 존재나 근접성 자체가 범죄를 좌절시킬 수 있는 사람들을 의미하는 것으로, 의도하지 않더라도 사람들이 친지나 친구 또는 모르는 사람들로부터 보호받게 되는 측면을 의미한다고 설명하였다. 즉, 일상활동이론은 비공식적 통제체계에서의 자연스러운 범죄예방과 억제를 중요시한다.

04 ③ 정기재심사는 형기의 3분의 1, 형기의 2분의 1, 형기의 3분의 2, 형기의 6분의 5에 도달한 때의 어느 하나에 해당하는 경우에 한다(형집행법 시행규칙 제66조 제1항 본문).

05 ③ 수용자는 합리적인 이유 없이 성별, 종교, 장애, 나이, 사회적 신분, 출신지역, 출신국가, 출신민족, 용모 등 신체조건, 병력(病歷), 혼인 여부, 정치적 의견 및 성적(性的) 지향 등을 이유로 차별받지 아니 한다(형집행법 제5조). 경제적 능력과 지능은 명시되어 있지 않으나, 위 조항은 예시적 조항이므로 어떠한 합리적인 이유 없이 차별해서는 안 된다.

06 일반경비처우급은 구내작업 및 필요시 개방지역작업이 가능하다(형집행법 제74조 제2항).

▌ 경비처우급에 따른 작업기준

개방처우급	외부통근작업 및 개방지역작업 가능
완화경비처우급	개방지역작업 및 필요시 외부통근작업 가능
일반경비처우급	구내작업 및 필요시 개방지역작업 가능
중(重)경비처우급	필요시 구내작업 가능

07 ② 검사는 미성년자 대상 유괴범죄를 저지른 사람으로서 미성년자 대상 유괴범죄를 다시 범할 위험성이 있다고 인정되는 사람에 대하여 부착명령을 법원에 청구할 수 있다. 다만, 유괴범죄로 징역형의 실형 이상의 형을 선고받아 그 집행이 종료 또는 면제된 후 다시 유괴범죄를 저지른 경우에는 부착명령을 청구하여야 한다(전자장치부착법 제5조 제2항). 즉, 반드시 부착하는 것은 아니다.
① 동법 제4조. ③ 동법 제12조 제1항. ④ 동법 제17조 제2항

08 × : ⓒ 교도관은 제5조 제2호에 따라 독거수용된 사람(이하 "계호상 독거수용자"라 한다)을 수시로 시찰하여 건강상 또는 교화상 이상이 없는지 살펴야 한다(형집행법 시행령 제6조 제1항). ⓔ 소장은 특히 필요하다고 인정하는 경우가 아니면 남성교도관이 야간에 수용자거실에 있는 여성수용자를 시찰하게 하여서는 아니 된다(동법 시행령 제7조).
○ : ㉠ 동법 제14조. ㉡ 동법 시행령 제5조 제1호

09 ④ 독학에 의한 학위 취득과정, 방송통신대학과정, 전문대학 위탁교육과정, 정보화 및 외국어 교육과정을 실시하는 경우 소요되는 비용은 특별한 사정이 없으면 교육대상자의 부담으로 한다(형집행법 시행규칙 제102조 제2항).
① 동법 제63조 제2항·제3항. ② 동법 제64조 제1항, 시행령 제88조. ③ 동법 시행규칙 제106조 제1항

10 ○ : ⓔ 형집행법 시행령 제56조. ⓜ 동법 제127조
× : ㉠ 소장은 신입자 또는 다른 교정시설로부터 이송되어 온 사람이 있으면 그 사실을 수용자의 가족(배우자, 직계존속·비속 또는 형제자매를 말한다)에게 지체 없이 알려야 한다(동법 제21조 본문). ㉡ 소장은 수용자가 외부의료시설에서 진료받거나 치료감호시설로 이송되면 그 사실을 그 가족(가족이 없는 경우에는 수용자가 지정하는 사람)에게 지체 없이 알려야 한다(동법 제37조 제4항 본문). ⓒ 소장은 수용자가 징벌처분을 받아 접견, 편지수수 또는 전화통화가 제한된 경우에는 그의 가족에게 그 사실을 알려야 한다(동법 시행령 제133조 제2항 본문). 다만, 위 경우 모두 수용자가 알리는 것을 원하지 않으면 알리지 않는다.

11 × : ⓒ 소장은 수용자 외의 사람이 수용자에게 음식물을 건네줄 것을 신청하는 경우에는 법무부장관이 정하는 바에 따라 교정시설 안에서 판매되는 음식물 중에서 허가한다. 다만, 제30조 각 호에 해당하는 종교행사 및 제114조 각 호에 해당하는 교화프로그램의 시행을 위하여 특히 필요하다고 인정하는 경우에는 교정시설 안에서 판매되는 음식물이 아니더라도 건네줄 것을 허가할 수 있다(형집행법 시행규칙 제22조 제2항). ⓔ 소장은 수용자 외의 사람이 수용자에게 음식물 외의 물품을 건네줄 것을 신청하는 경우, 위화감을 조성할 우려가 있는 높은 가격의 물품인 때에는 허가해서는 아니 된다(동조 제3항 제5호).
○ : ㉠ 동조 제1항 본문. ㉡ 동조 제1항 단서
※ 형집행법 시행규칙 제22조(교부금품의 허가) ③ 소장은 수용자 외의 사람이 수용자에게 음식물 외의 물품을 건네줄 것을 신청하는 경우에는 다음 각 호의 어느 하나에 해당하지 아니하면 법무부장관이 정하는 교정시설의 보관범위 및 수용자가 지닐 수 있는 범위에서 허가한다.
1. 오감 또는 통상적인 검사장비로는 내부검색이 어려운 물품
2. 음란하거나 현란한 그림. 무늬가 포함된 물품
3. 사행심을 조장하거나 심리적인 안정을 해칠 우려가 있는 물품
4. 도주·자살·자해 등에 이용될 수 있는 금속류, 끈 또는 가죽 등이 포함된 물품
5. 위화감을 조성할 우려가 있는 높은 가격의 물품
6. 그 밖에 수형자의 교화 또는 건전한 사회복귀를 해칠 우려가 있거나 교정시설의 안전 또는 질서를 해질 우려가 있는 물품

12 ④ 보호의자는 수용자의 치료, 목욕, 식사 등으로 그 사용을 일시 중지하거나 완화하는 경우를 포함하여 8시간을 초과하여 사용할 수 없으며, 사용중지 후 4시간이 경과하지 아니하면 다시 사용할 수 없다(형집행법 시행규칙 제176조 제2항).
① 현행법상 보호장비의 사용대상은 수용자에 한한다(동법 제97조 제1항 참조). 따라서 수용자 외의 사람에 대하여 수갑과 포승을 사용하지 못한다는 것은 옳은 표현이다.
② 동법 시행규칙 제183조 제2항. ③ 동법 시행규칙 제180조

13 ③ 수용자는 교정시설의 외부에 있는 사람과 접견할 수 있다. 다만, 다음 각 호의 어느 하나에 해당하는 사유가 있으면 그러하지 아니하다(형집행법 제41조 제1항).
   1. 형사법령에 저촉되는 행위를 할 우려가 있는 때
   2. 「형사소송법」이나 그 밖의 법률에 따른 접견금지의 결정이 있는 때
   3 수형자의 교화 또는 건전한 사회복귀를 해칠 우려가 있는 때
   4. 시설의 안전 또는 질서를 해칠 우려가 있는 때

14 ○ : ㉠㉡㉢
   × : ㉣㉤은 사회형 처우(사회 내 처우)에 해당하고, ㉥은 폐쇄형 처우(시설 내 처우)에 해당한다.

15 × : ㉠ 소장은 전화통화의 허가를 하기 전에 전화번호와 수신자(수용자와 통화할 상대방을 말한다)를 확인하여야 한다(형집행법 시행규칙 제25조 제2항 본문). ㉡ 전화통화의 통화시간은 특별한 사정이 없으면 5분 이내로 한다(동조 제3항).
   ○ : ㉢ 동법 시행규칙 제26조 제2항. ㉣ 동법 시행규칙 제27조 제1호
   ※ **형집행법 시행규칙 제27조(통화허가의 취소)** 소장은 다음 각 호의 어느 하나에 해당할 때에는 전화통화의 허가를 취소할 수 있다.
      1. 수용자 또는 수신자가 전화통화 내용의 청취·녹음에 동의하지 아니할 때
      2. 수신자가 수용자와의 관계 등에 대한 확인요청에 따르지 아니하거나 거짓으로 대답할 때
      3. 전화통화 허가 후 제25조 제1항 각 호(전화통화 불허가사유)의 어느 하나에 해당되는 사유가 발견되거나 발생하였을 때

16 ② 벌금미납자법 제6조 제4항
   ① 징역 또는 금고와 동시에 벌금을 선고받은 사람은 사회봉사를 신청할 수 없다(동법 제4조 제2항).
   ③ 500만원 이하의 벌금형이 확정된 벌금형이 확정된 벌금 미납자는 검사의 납부명령일부터 30일 이내에 주거지를 관할하는 지방검찰청의 검사에게 사회봉사를 신청할 수 있다(동법 제4조 제1항 본문). 따라서 1,000만원의 벌금형이 확정된 벌금 미납자는 검사에게 사회봉사를 신청할 수 없다.
   ④ 사회봉사대상자는 사회봉사의 이행을 마치기 전에 벌금의 전부 또는 일부를 낼 수 있다(동법 제12조 제1항).

17 ③ 보호관찰법 제5조 제1항
   ① 보호관찰을 조건으로 형의 선고유예를 받은 자의 보호관찰기간은 1년이다(동법 제30조 제1호).
   ② 법무부장관 소속으로 보호관찰소를 둔다(동법 제14조 제1항).
   ④ 보호관찰소에는 보호관찰소의 사무를 처리하기 위하여 보호관찰관을 둔다(동법 제16조 제1항).

18 ④ 전자장치부착법 제9조 제2항
   ① 피부착자는 주거를 이전하거나 7일 이상의 국내여행을 하거나 출국할 때에는 미리 보호관찰관의 허가를 받아야 한다(동법 제14조 제3항).
   ② 법원은 부착명령 청구가 이유 있다고 인정하는 때에는 다음 기간의 범위 내에서 부착기간을 정하여 판결로 부착명령을 선고하여야 한다. 다만 19세 미만의 사람에 대하여 특정범죄를 저지른 경우에는 부착기간 하한을 다음 부착기간 하한의 2배로 한다(동법 제9조 제1항).
   ③ 검사는 성폭력범죄로 징역형의 실형을 선고받은 사람이 그 집행을 종료한 후 또는 집행이 면제된 후 10년 이내에 성폭력범죄를 저지르고 성폭력범죄를 다시 범할 위험성이 있다고 인정되는 때에는 전자장치를 부착하도록 하는 명령을 법원에 청구할 수 있다(동법 제5조 제1항).

19 ③ 개별주의란 소년에 대한 보호조치를 취할 때에는 소년 개개인을 1건으로 독립해서 취급하고, 행위와 외형에 구애받지 않으며, 각 개인마다의 특성을 중시하여 처리해야 한다는 것을 말한다.

20 제1항 제1호 및 제2호의 위탁기간은 3개월을, 제1항 제3호의 위탁기간은 1개월을 초과하지 못한다. 다만, 특별히 계속 조치할 필요가 있을 때에는 한 번에 한하여 결정으로써 연장할 수 있다(소년법 제18조 제3항).

※ **소년법 제18조(임시조치)** ① 소년부 판사는 사건을 조사 또는 심리하는 데에 필요하다고 인정하면 소년의 감호에 관하여 결정으로써 다음 각 호의 어느 하나에 해당하는 조치를 할 수 있다.

1. 보호자, 소년을 보호할 수 있는 적당한 자 또는 시설에 위탁 : 3개월
2. 병원이나 그 밖의 요양소에 위탁 : 3개월
3. 소년분류심사원에 위탁 : 1개월

10 교정학 실전 모의고사 정답 및 해설

01 ②	02 ②	03 ③	04 ③	05 ④	06 ②	07 ④	08 ③	09 ④	10 ③
11 ③	12 ④	13 ③	14 ②	15 ①	16 ③	17 ②	18 ②	19 ①	20 ③

01 ② 콘하우저는 사회해체가 어느 정도 진행된 동네에서는 비행하위문화의 형성 여부와 관계없이 비행이 발생하지만, 사회해체가 진행되지 않은 동네에서는 비행이 발생하지 않기 때문에 비행을 지지하는 하위문화의 존재 자체가 발생하지 않는다고 보았다. 따라서 이론적 차원에서 보면, 비행의 발생에 중요한 역할을 하는 것은 사회해체이지 비행하위문화가 아니라고 강조한다.

02 ② 거리효율성은 샘슨(Sampson)의 집합효율성이론을 확장한 이론으로, 집합효율성을 거리의 개념에서 측정한 것이다. 거리효율성이 높은 청소년은 폭력적 행동을 회피하는 것으로 나타났다.

03 ③ 독거제와 혼거제의 단점이 모두 나타날 수 있다는 지적이 있는 구금제도는 오번제이다. 오번제는 독거제와 혼거제의 장점만을 취한다는 제도적 취지에도 불구하고, 그 취지를 제대로 살리지 못하게 되면 양자의 장점은 고사하고 단점만이 나타날 수 있다.

❘ 카티지제의 장단점

장점	단점
• 수형자의 개별처우에 적합 • 독거제 및 혼거제의 단점을 보완 • 독립적 자치심 배양에 유리 • 규율의 확립과 교화에 유리	• 시설의 소규모화에 따르는 재정부담 증가 • 국민의 법감정 및 피해자의 감정과 부합되지 않음 • 과학적 분류제도와 전문요원 확보가 선행되지 않으면 제도적 장점을 살릴 수 없음

04 ③ 제프리(Jeffery)는 범죄대책모델로서 범죄억제모델, 사회복귀모델, 사회환경 개선을 통한 범죄예방모델을 제시하였으며, 이 세 가지 모델은 상호보완관계에 있다.

❘ 환경범죄학

제프리	뉴만	클라크	코헨 & 펠슨	브랜팅햄 부부	윌슨 & 켈링
범죄예방모델	방어공간	합리적 선택	일상활동	범죄패턴	깨진 유리창
CPTED		상황적 범죄예방	적절한 목표, 감독 없음	교차점, 경로, 경계	

05 ④ 여성수용자의 유아의 양육신청에 대하여 허가할 수 없는 사유가 아닌 것은 ㉠㉣이다.
※ 형집행법 제53조(유아의 양육) ① 여성수용자는 자신이 출산한 유아를 교정시설에서 양육할 것을 신청할 수 있다. 이 경우 소장은 다음 각 호의 어느 하나에 해당하는 사유가 없으면, 생후 18개월에 이르기까지 허가하여야 한다.
1. 유아가 질병·부상, 그 밖의 사유로 교정시설에서 생활하는 것이 특히 부적당하다고 인정되는 때
2. 수용자가 질병·부상, 그 밖의 사유로 유아를 양육할 능력이 없다고 인정되는 때
3. 교정시설에 감염병이 유행하거나 그 밖의 사정으로 유아양육이 특히 부적당한 때

06 × : ㉡ 소장은 개방처우급 혹은 완화경비처우급 수형자가 다음 각 호의 사유에 모두 해당하는 경우에는 교정시설에 설치된 개방시설에 수용하여 사회적응에 필요한 교육, 취업지원 등 적정한 처우를 할 수 있다(형집행법 시행규칙 제93조 제1항).
1. 형기가 2년 이상인 사람
2. 범죄횟수가 3회 이하인 사람

3. 중간처우를 받는 날부터 가석방 또는 형기종료 예정일까지 기간이 3개월 이상 2년 6개월 미만인 사람

ⓒ 소장은 제1항에 따른 처우의 대상자 중 다음 각 호의 사유에 모두 해당하는 수형자에 대해서는 지역사회에 설치된 개방시설에 수용하여 제1항에 따른 처우를 할 수 있다(동조 제2항).

1. 범죄횟수가 1회인 사람
2. 중간처우를 받는 날부터 가석방 또는 형기종료 예정일까지의 기간이 1년 6개월 미만인 사람

○ : ㉠ 동조 제1항. ㉣ 동법 시행규칙 제112조 제4항

07 ④ 수형자 자치생활의 범위는 인원점검, 취미활동, 일정한 구역 안에서의 생활 등으로 한다(형집행법 시행규칙 제86조 제2항).

08 ○ : ㉠ 형집행법 제41조 제1항 제1호. ㉡ 동조 제4호. ㉣ 동조 제3호
× : ㉢㉤은 접견의 중지사유에 해당한다(동법 제42조 제1호·제2호).

09 × : ㉠ 소장은 각 교육과정의 선정요건과 수형자의 나이, 학력, 교정성적, 자체 평가시험 성적, 정신자세, 성실성, 교육계획과 시설의 규모, 교육대상인원 등을 고려하여 교육대상자를 선발하거나 추천하여야 한다(형집행법 시행규칙 제103조 제1항). ㉣ 소장은 교육을 위하여 필요한 경우에는 외부강사를 초빙할 수 있으며, 카세트 또는 재생전용기기의 사용을 허용할 수 있다(동법 시행규칙 제104조 제2항).
○ : ㉡ 동법 시행규칙 제103조 제2항, ㉢ 동법 시행규칙 제104조 제1항

10 ③ 소장은 수용자거실 앞에 이름표를 붙이되, 이름표 윗부분에는 수용자의 성명·출생연도·죄명·형명 및 형기를 적고, 그 아랫부분에는 수용자번호 및 입소일을 적되 윗부분의 내용이 보이지 않도록 하여야 한다(형집행법 시행령 제12조 제2항).
① 동법 시행령 제8조
② 동법 시행령 제6조 제2항
④ 동법 시행령 제9조

11 ③ 교정법인은 위탁업무를 수행할 때 같은 유형의 수용자를 수용·관리하는 국가운영의 교도소 등과 동등한 수준 이상의 교정서비스를 제공하여야 한다(민영교도소법 제25조 제1항).
① 동법 제23조 제1항. ② 동법 제24조. ④ 동법 제27조 제1항

12 ④ 소장은 신입자 또는 다른 교정시설로부터 이송되어 온 사람이 있으면 그 사실을 수용자의 가족(배우자, 직계존속·비속 또는 형제자매를 말한다)에게 지체 없이 통지하여야 한다. 다만, 수용자가 통지를 원하지 아니하면 그러하지 아니하다(형집행법 제21조).
① 동법 제18조 제1항·제2항
② 소장은 신입자 및 다른 교정시설로부터 이송되어 온 사람에 대하여 수용자번호를 지정하고 수용 중 번호표를 상의의 왼쪽 가슴에 붙이게 하여야 한다. 다만, 수용자의 교화 또는 건전한 사회복귀를 위하여 특히 필요하다고 인정하면 번호표를 붙이지 아니할 수 있다(동법 시행령 제17조 제2항).
③ 동법 시행령 제22조 제1항·제2항

13 × : ㉢ 접견 또는 전화통화를 제한한 때에는 휴일이나 그 밖에 해당 수용자의 작업이 없는 날에 접견 또는 전화통화를 할 수 있게 하여야 한다(형집행법 제70조 제1항 단서). ㉣ 소장은 집중적인 근로가 필요한 작업을 부과하거나 훈련을 받게 하기 전에 수형자에게 제한되는 처우의 내용을 충분히 설명하여야 한다(동조 제2항).
○ : ㉠ 동조 제1항 본문. ㉡ 동법 시행령 제95조

14 × : ㉡ 미결수용자가 수용된 거실은 참관할 수 없다(형집행법 제80조). ㉢ 소장은 미결수용자로서 사건에 서로 관련이 있는 사람은 분리수용하고 서로 간의 접촉을 금지하여야 한다(동법 제81조).
○ : ㉠ 동법 제79조. ㉣ 동법 제82조

15 × : ㉠ 소장은 신체검사한 결과 금지물품이 발견되면 형사법령으로 정하는 절차에 따라 처리할 물품을 제외하고는 수용자에게 알린 후 폐기한다. 다만, 폐기하는 것이 부적당한 물품은 교정시설에 보관하거나 수용자로 하여금

자신이 지정하는 사람에게 보내게 할 수 있다(형집행법 제93조 제5항). 즉, 금지물품이 발견된 경우에는 폐기하는 것이 원칙이다. 폐기가 부적당한 경우에 한하여 교정시설에 보관하거나 수용자로 하여금 자신이 지정하는 사람에게 보낼 수 있을 뿐이다. ⓒ 소장은 교도관에게 수용자의 거실, 작업장, 그 밖에 수용자가 생활하는 장소를 정기적으로 검사하게 하여야 한다(동법 시행령 제112조 본문).

○ : ⓒ 동법 시행령 제13조. ⓔ 동법 시행령 제3조

※ **형집행법 시행령 제112조(거실 등에 대한 검사)** 소장은 교도관에게 수용자의 거실, 작업장 그 밖에 수용자가 생활하는 장소(이하 이 조에서 "거실등"이라 한다)를 정기적으로 검사하게 하여야 한다. 다만, 법 제92조의 금지물품을 숨기고 있다고 의심되는 수용자와 법 제104조 제1항의 마약류사범·조직폭력사범 등 법무부령으로 정하는 수용자의 거실등은 수시로 검사하게 할 수 있다.

16 ③ 보안처분은 범죄자의 장래 위험성에 근거하여 사회방위를 목적으로 부과되는 형벌 이외의 각종 범죄예방처분을 말하므로, 과거의 책임에 근거하는 형벌과 구별된다. 보안처분상 비례성의 원칙이란 보안처분으로 개인의 자유를 침해하는 경우라도 보안처분의 목적인 사회방위와 균형을 이루어야 한다는 것을 말한다.

보안처분의 특징
• 범죄의 위험성을 근거로 한다.
• 예방주의 내지 사회방위사상을 실현하기 위한 국가의 처분이다.
• 행위자의 미래를 판단하는 제도이다.
• 범죄자의 개선과 사회방위 등 특별예방을 중시한다.
• 치료, 개선, 교육 등의 목적을 위한 강제처분이다.
• 형벌을 대체하거나 보충하는 사회방위적 제재이다.

17 ② ㉠ⓒⓔ◎은 보호관찰 대상자의 일반준수사항에 해당하나, ⓒⓗ은 특별준수사항에 해당한다(보호관찰법 제32조 제2항·제3항).

18 × : ⓔ 관할 경찰서장에게 신고하여야 한다. → 보호관찰관의 허가를 받아야 한다(전자장치부착법 제14조 제3항).
ⓜ 종료된 것으로 본다. → 면제된다(동법 제21조 제1항).
○ : ㉠ 동법 제5조 제2항 단서. ⓒ 동조 제3항 단서. ⓒ 동법 제12조 제1항

19 ① 경찰서장이 직접 소년부에 송치할 수 있는 대상은 촉법소년과 우범소년에 한정된다.
② 소년법 제10조
③④ 동법 제4조 제3항

20 × : ⓒ 법 제97조 제1항 제2호부터 제4호까지의 규정(도주·자살·자해 또는 다른 사람에 대한 위해의 우려가 큰 때, 위력으로 교도관의 정당한 직무집행을 방해하는 때, 교정시설의 설비·기구 등을 손괴하거나 그 밖에 시설의 안전 또는 질서를 해칠 우려가 큰 때)의 어느 하나에 해당하는 경우 제2호의 방법(상체승)으로는 사용목적을 달성할 수 없다고 인정되면 별표 19의 방법(하체승)으로 한다. 이 경우 2개의 포승을 연결하여 사용할 수 있다(형집행법 시행규칙 제179조 제1항 제3호). ⓔ 포승을 사용하여 2명 이상의 수용자를 호송하는 경우에는 수용자 간에 포승을 연결하여 사용할 수 있다(동조 제2항)
○ : ㉠ 동조 제1항 제1호. ⓒ 동조 제1항 제2호

11 교정학 실전 모의고사 정답 및 해설

01 ②	02 ②	03 ②	04 ③	05 ④	06 ②	07 ④	08 ③	09 ②	10 ④
11 ③	12 ③	13 ③	14 ④	15 ④	16 ④	17 ①	18 ①	19 ③	20 ②

01 ② 모피트(Moffitt)에 따르면, 생애 지속형(Life Persistent)은 신경심리학적 결함으로 각종 문제행동을 일으키는 경우가 많다고 하였다. 청소년기 한정형은 성숙격차와 사회모방이 각종 문제행동의 원인이 된다.

02 ② 재발우려 시 임시조치를 신청할 수 있음을 통보가 아니라, 향후 스토킹행위의 중단통보 및 스토킹행위를 지속적·반복적으로 할 경우 처벌 서면경고이다.

▌스토킹범죄의 처벌 등에 관한 법률 정리

사법경찰관리 현장응급조치	• 스토킹행위의 제지, 향후 스토킹행위의 중단통보 및 스토킹행위를 지속적·반복적으로 할 경우, 처벌 서면경고 • 스토킹행위자와 피해자등의 분리 및 범죄수사 • 피해자등에 대한 긴급응급조치 및 잠정조치 요청의 절차 등 안내 • 스토킹피해 관련 상담소 또는 보호시설로 피해자 등 인도(동의한 경우에만)	단, 긴급응급조치의 기간은 1개월 초과 X	응급조치변경	• 긴급응급조치 대상자나 대리인은 취소 또는 종류변경을 사경에 신청 가능 • 상대방이나 대리인은 상대방 등의 주거 등을 옮긴 경우, 사경에 긴급응급조치 변경신청 가능 • 상대방이나 대리인은 긴급응급조치가 필요하지 않은 경우, 취소신청 가능 • 사경은 직권 또는 신청에 의해 긴급조치 가능, 지방법원 판사의 승인을 받아 종류변경도 가능
사법경찰관 긴급응급조치 (직권 또는 피해자등 요청)	• 스토킹행위의 상대방등이나 그 주거등으로부터 100m 이내의 접근금지 • 스토킹행위의 상대방등에 대한 전기통신을 이용한 접근금지			※ 통지와 고지 • 상대방 등이나 대리인은 취소 또는 변경취지 통지 • 긴급조치대상자는 취소 또는 변경조치내용 및 불복방법 등 고지
검사의 잠정조치 (청구)	검사는 스토킹범죄가 재발될 우려가 있다고 인정하면, 직권 또는 사경의 신청에 따라 잠정조치 청구 가능	–	잠정조치변경신청	• 피해자 또는 그의 동거인, 가족, 법정대리인은 2호(100m 이내의 접근금지)의 결정 있은 후 주거등을 옮긴 경우, 법원에 잠정조치결정 변경신청 가능 • 스토킹행위자나 그의 법정대리인은 법원에 잠정조치 취소 또는 종류변경 신청 가능 • 검사는 직권이나 사경의 신청에 따라 기간의 연장 또는 종류변경 청구 가능, 필요하지 않은 경우에는 취소청구도 가능 • 법원은 결정할 수 있고, 고지하여야 함
법원의 잠정조치	1. 피해자에 대한 스토킹범죄 중단에 대한 서면경고 2. 피해자 또는 그의 동거인, 가족이나 그 주거등으로부터 100m 이내의 접근금지 3. 피해자 또는 그의 동거인, 가족에 대한 전기통신을 이용한 접근금지 4. 전자장치의 부착 5. 국가경찰관서의 유치장 또는 구치소에 유치	1·2·3·4는 3개월 초과 × (두 차례에 한정하여 각 3개월의 범위에서 연장 가능) 5는 1개월 초과 ×		

03 ⓐ 대규모 수형자 자치제의 단점을 보완하기 위해 수형자를 소집단으로 처우하는 제도 : ⓔ 카티지제

ⓑ 수형자의 자력적 개선에 중점을 두며, 사회복귀프로그램의 동기부여 등 누진적 처우방법을 시도하는 제도 : ⓒ 엘마이라제
ⓒ 수형자의 개별처우에 적정을 기할 수 있고, 범죄적 악성오염을 예방하기 위한 제도 : ㉠ 펜실베니아제
ⓓ 주간에는 작업에 종사하게 하고, 야간에는 독방에 수용하여 교화개선을 시도하는 제도 : ㉡ 오번제

04 • ㉠은 감시의 부재이다. 펠슨은 감시인(또는 보호자)이란 경찰이나 민간경비원 등의 공식감시원이 아닌 그 존재 자체가 범죄를 좌절시킬 수 있는 사람들로, 의도치 않더라도 사람들이 가족이나 친구 또는 타인으로부터 보호를 받게 되는 측면을 의미한다고 설명하였다. 즉, 일상활동이론은 비공식적 통제체계에서의 자연스러운 범죄예방과 억제를 중요시한다.
• 일상활동이론(Routine Activity Theory)은 1970년대 미국의 범죄증가율을 설명하기 위해 코헨과 펠슨(Cohen & Felson, 1979)이 제안한 이론으로, 범죄증가율을 설명함에 있어 미시적이고도 거시적인 접근을 시도하였다. 첫 번째 그림은 미시적 차원에서 시간·공간·대상물·사람을 기본요소로 하며, 핵심은 범죄삼각형이라는 세 가지 요소를 전제로 한다는 점이다. 두 번째 그림은 엑(Eck)이 고안한 것으로, 동기화된 범죄자, 적절한 범행대상, 감시의 부재라는 세 가지 요소에 통제인(Handler)이 추가된 네 가지 요소를 전제로 하는 범죄삼각형(문제삼각형)이다.

> 일상활동이론은 비공식적 통제체계에서의 자연스러운 범죄예방과 억제를 중요시하는 것이다. 일반적으로 우리는 경찰이나 경비원을 감시나 보호의 주체로 생각하는 경향이 있지만 친구, 가족 그리고 지나가는 일반시민들이 범죄예방을 위한 감시자의 역할을 잘할 수 있다는 것이다. 그렇지만 일상활동이론의 타당성은 범죄에 대한 공식적 통제체계와 비공식적 통제체계 중 어느 것이 범죄예방에 더 영향을 미치는가에 있다기보다는, 이론이 제시하는 세 가지 핵심요소의 효과가 경험적으로 얼마나 지지되는가에 달려 있다고 봐야 한다(Akers & Sellers). 거시적인 차원에서의 일상활동이론은 거대사회와 지역사회의 어떠한 특징이 미시적 차원에서 세 가지 핵심요소의 결합을 통한 범죄발생을 더 용이하게 한다고 설명한다. 일상활동이론은 미국의 범죄율 상승의 원인을 상품과 서비스에서의 테크놀로지의 변화는 물론 사람들의 활동범주가 가족과 가정을 벗어나 확대되는 사회분위기에서 찾고자 하였다(Felson, 2008). 코헨과 펠슨(Cohen & Felson, 1979)은 제2차 세계대전 이후 직업이나 여가에서의 일상활동의 변화로 사람들이 특정한 장소와 시간에 모이는 상황이 조성되었고, 이러한 일상활동의 변화가 범죄대상이 될 가능성을 증가시키고 재산을 감시할 능력을 감소시켰다고 설명하였다. 예를 들자면, 제2차 세계대전 이후에 주거침입절도와 자동차절도가 급증한 것은 전쟁 이후 경제활동의 활성화를 위해 맞벌이 부부가 늘어나면서 비어 있는 집과 출퇴근용 자동차의 증가가 불가피했던 당시의 사회상황과 맞물려 이해할 수 있겠다. 거대사회와 지역사회의 변화가 범죄기회를 양산하여 특정 범죄를 증가시킨 것으로 설명될 수 있는 것이다. 스마트폰과 개인용 컴퓨터의 일반화가 보이스피싱이나 사이버범죄를 증가시킨 것도 이러한 맥락에서 이해될 수 있겠다. 일상활동이론의 범죄삼각형은 범죄가 발생하는 세 가지 요소를 구체화하였는데, 이후 이러한 세 가지 요건에 영향을 줄 수 있는 통제인의 개념이 추가되면서 범죄통제 메커니즘에 도움이 되는 시사점이 제시되었다. "부모는 아이들의 행동에 좋은 영향을 줄 수 있지만 떨어져 있을 때는 이러한 역할을 효과적으로 수행할 수 없다. 이러한 측면에서 부모와 같은 통제인(handler)의 개념이 일상활동이론의 네 번째 요소로 추가되었다"(Felson, 2008). 초창기의 일상활동이론은 통제이론 관련 요소는 전혀 고려하지 않았지만 이론이 발전해 옴에 따라 통제(control)를 일상활동이론 자체의 요소로 수용하게 되었다. 그렇지만 "통제"의 개념은 일상활동이론에 내재된 것이라기보다는 사람들을 감시할 누군가의 존재나 부존재 여부를 강조하고자 추가된 것이다. 엑(Eck, 2003)은 동기화된 범죄자, 범행에 적합한 대상 그리고 사람이나 재산에 대한 감시의 부재라는 3요소에 통제인(handler)이 추가된 네 가지 요소를 기반으로 범죄삼각형(crime triangle) 또는 문제삼각형(problemtriangle)을 고안하였다.

05 × : ㉠ 천재지변이나 그 밖의 재해가 발생하여 시설의 안전과 질서유지를 위하여 긴급한 조치가 필요하면 소장은 수용자로 하여금 피해의 복구나 그 밖의 응급용무를 보조하게 할 수 있다(형집행법 제102조 제1항). ㉣ 천재지변이나 그 밖의 사변에 대한 피난의 방법이 없는 경우에 이송이 불가능하여 일시석방된 사람은 석방 후 24시간 이내에 교정시설 또는 경찰관서에 출석하여야 한다(동조 제4항).
○ : ㉡ 동조 제2항. ㉢ 동조 제3항

06 × : ㉡ 다른 수용자의 징벌대상행위를 방조한 수용자에게는 그 징벌대상행위를 한 수용자에게 부과되는 징벌과 같은 징벌을 부과하되, 그 정황을 고려하여 2분의 1까지 감경할 수 있다(형집행법 시행규칙 제217조 제2항). 즉, 임의적 사항이다. ㉢ 둘 이상의 징벌대상행위가 경합하는 경우에는 각각의 행위에 해당하는 징벌 중 가장 중한 징벌의 2분의 1까지 가중할 수 있다(동법 시행규칙 제218조 제1항).
○ : ㉠ 동법 시행규칙 제217조 제1항. ㉣ 동법 시행규칙 제219조 제1호·제2호
※ **형집행법 시행규칙 제219조(조사 시 지켜야 할 사항)** 징벌대상행위에 대하여 조사하는 교도관이 징벌대상자 또는 참고인 등을 조사할 때에는 다음 각 호의 사항을 지켜야 한다.

1. 인권침해가 발생하지 아니하도록 유의할 것
2. 조사의 이유를 설명하고 충분한 진술의 기회를 제공할 것
3. 공정한 절차와 객관적 증거에 따라 조사하고, 선입견이나 추측에 따라 처리하지 아니할 것
4. 형사법률에 저촉되는 행위에 대하여 징벌부과 외에 형사입건조치가 요구되는 경우에는 형사소송절차에 따라 조사대상자에게 진술을 거부할 수 있다는 것과 변호인을 선임할 수 있다는 것을 알릴 것

07 ✕ : ㉠ 금치와 그 밖의 징벌을 집행할 경우에는 금치를 우선하여 집행한다(형집행법 시행규칙 제230조 제1항 본문).
㉣ 금치를 제외한 두 가지 이상의 징벌을 집행할 경우에는 함께 집행할 수 있다(동조 제3항).
○ : ㉡ 동조 제1항 단서. ㉢ 동조 제2항

08 ✕ : ㉢ 가석방취소자 및 가석방실효자의 남은 형기 기간은 가석방을 실시한 다음 날부터 원래 형기의 종료일까지로 하고, 남은 형기 집행 기산일은 가석방의 취소 또는 실효로 인하여 교정시설에 수용된 날부터 한다(형집행법 시행규칙 제263조 제5항). ㉣ 가석방기간 중 형사사건으로 구속되어 교정시설에 미결수용 중인 자의 가석방 취소 결정으로 남은 형기를 집행하게 된 경우에는 가석방된 형의 집행을 지휘하였던 검찰청 검사에게 남은 형기 집행 지휘를 받아 우선 집행해야 한다(동조 제6항).
○ : ㉠ 형법 제75조, 형집행법 시행규칙 제261조 제1항·제2항. ㉡ 동조 제3항

09 ✕ : ㉠ 소장은 신입자 또는 다른 교정시설로부터 이송되어 온 사람이 있으면 그 사실을 수용자의 가족(배우자, 직계 존속·비속 또는 형제자매를 말한다)에게 지체 없이 알려야 한다. 다만, 수용자가 알리는 것을 원하지 아니하면 그러하지 아니하다(형집행법 제21조). ㉡ 소장은 19세 미만의 신입자 그 밖에 특히 필요하다고 인정하는 수용 자에 대하여는 신입자거실 수용의 기간을 30일까지 연장할 수 있다(동법 시행령 제18조 제3항).
○ : ㉢ 동법 시행령 제11조. ㉣ 동법 제102조 제2항

10 ④ 징벌위원회는 징벌을 의결하는 때에 행위의 동기 및 정황, 교정성적, 뉘우치는 정도 등 그 사정을 고려할 만한 사유가 있는 수용자에 대하여 2개월 이상 6개월 이하의 기간 내에서 징벌의 집행을 유예할 것을 의결할 수 있다 (형집행법 제114조 제1항). 참고로, 자해행위에 대한 징벌부과사유는 자신의 요구를 관철시킬 목적에 의한 것일 경우로 한한다.

11 ③ 이 법은 교정시설의 구내와 교도관이 수용자를 계호하고 있는 그 밖의 장소로서 교도관의 통제가 요구되는 공간에 대하여 적용한다(형집행법 제3조). 즉, 원칙적으로는 교정시설의 구내, 예외적으로는 교도관이 수용자를 계호하고 있는 그 밖의 장소로서 교도관의 통제가 요구되는 공간에 대하여 적용된다 할 것이다.

12 ③ 소장은 형집행정지 중이거나 가석방기간 중에 있는 사람이 형사사건으로 재수용되어 형이 확정된 경우에는 개별처 우계획을 새로 수립하여야 한다(형집행법 시행규칙 제60조 제4항).
① 동법 시행규칙 제62조 제1항. ② 동법 시행규칙 제79조 제1항. ④ 동법 시행규칙 제64조

13 ✕ : ㉢ 법무부장관은 기본계획을 수립하기 위하여 실태조사와 수요예측조사를 실시할 수 있다(형집행법 제5조의2 제4항). ㉣ 법무부장관은 기본계획을 수립하기 위하여 필요하다고 인정하는 경우에는 관계기관의 장에게 필요한 자료를 요청할 수 있고, 자료를 요청받은 관계기관의 장은 특별한 사정이 없으면 요청에 따라야 한다(동조 제5항).
○ : ㉠ 법무부장관은 이 법의 목적을 효율적으로 달성하기 위하여 5년마다 형의 집행 및 수용자 처우에 관한 기본계 획을 수립하고 추진하여야 한다(동조 제1항). ㉡ 동조 제2항 제1호·제2호
※ **형집행법 제5조의2(기본계획의 수립)** ② 기본계획에는 다음 각 호의 사항이 포함되어야 한다.
1. 형의 집행 및 수용자 처우에 관한 기본방향
2. 인구·범죄의 증감 및 수사 또는 형집행의 동향 등 교정시설의 수요증감에 관한 사항
3. 교정시설의 수용 실태 및 적정한 규모의 교정시설 유치방안
4. 수용자에 대한 처우 및 교정시설의 유지·관리를 위한 적정한 교도관인력 확충방안
5. 교도작업과 직업훈련의 현황, 수형자의 건전한 사회복귀를 위한 작업설비 및 프로그램의 확충방안
6. 수형자의 교육·교화 및 사회적응에 필요한 프로그램의 추진방향
7. 수용자 인권보호 실태와 인권 증진방안

8. 교정사고의 발생유형 및 방지에 필요한 사항
9. 형의 집행 및 수용자 처우와 관련하여 관계기관과의 협력에 관한 사항
10. 그 밖에 법무부장관이 필요하다고 인정하는 사항

14 × : ㉠ 충분한 때가 아닌 부족한 때이다(형집행법 제14조 제1호). ㉣ '범죄의 증거인멸을 방지하기 위하여 필요하거나 그 밖에 특별한 사정이 있는 때'는 구분수용의 예외로, 교도소에 미결수용자를 수용할 수 있는 사유에 해당한다(동법 제12조 제1항).

○ : ㉡ 형집행법 제14조 제2호. ㉢ 동조 제3호

※ **형집행법 제14조(독거수용)** 수용자는 독거수용한다. 다만, 다음 각 호의 어느 하나에 해당하는 사유가 있으면 혼거수용할 수 있다.
1. 독거실 부족 등 시설여건이 충분하지 아니한 때
2. 수용자의 생명 또는 신체의 보호, 정서적 안정을 위하여 필요한 때
3. 수형자의 교화 또는 건전한 사회복귀를 위하여 필요한 때

15 ④ 수용자는 교도소의 처우에 대하여 행정심판, 행정소송 및 헌법소원을 제기할 수 있다.

① 수용자가 법무부장관에게 청원하는 경우에는 청원서를 작성하여 당해 시설의 소장에게 제출하며, 소장은 청원서의 내용을 확인할 수 없고 법무부장관에게 보내야 한다(형집행법 제117조 제2항·제3항 참조).

② 수용자가 순회점검공무원에게 청원하는 경우에는 서면 또는 말로써 할 수 있으며, 순회점검공무원이 말로써 청원을 청취하는 때에는 교도관을 참여시켜서는 아니 된다(동조 제2항·제4항).

③ 법무부장관은 교도소 등을 순회점검하거나 소속공무원으로 하여금 순회점검하게 할 수 있으며, 판사와 검사는 교도소 등을 수시로 시찰할 수 있다(동법 제8조, 제9조).

16 ④ 일원주의에 대해서는 단순히 행위자의 반사회적 위험성만을 척도로 일정한 제재를 가하는 것은 행위자의 개별책임 원칙에 반한다는 비판이 있다.

▌일원주의와 이원주의

구분	일원주의	이원주의
주장학자	리스트, 페리, 록신	클라인, 마이어, 비르크마이어, 벨링
이론내용	형벌과 본질적 차이 부정	형벌과 본질적 차이 인정
형벌과의 관계	• 양자 중 어느 하나만 선고·집행 • 대체성 인정 • 형벌과의 병과 불인정	• 동시에 선고되고, 중복적 집행 가능 • 대체성 부정 • 형벌과의 병과 인정
집행유예	보안처분의 집행유예 불가능	보안처분의 집행유예 가능
선고기관	형벌과 보안처분 모두 법원	형벌은 법원, 보안처분은 행정부

17 ① 보호관찰법 제29조 제1항

② 보호관찰은 독립적 처분으로 부과할 수 있다. 즉, 형법 제59조의2 제1항은 "형의 선고를 유예하는 경우에 재범방지를 위하여 지도 및 원호가 필요한 때에는 보호관찰을 받을 것을 명할 수 있다"고 규정하고 있고, 형법 제62조의2 제1항은 "형의 집행을 유예하는 경우에는 보호관찰을 받을 것을 명하거나 사회봉사 또는 수강을 명할 수 있다"고 규정하고 있다.

③ 보호관찰대상자가 보호관찰에 따른 준수사항을 위반한 경우에는 경고(보호관찰법 제38조)·구인(동법 제39조)·긴급구인(동법 제40조)·유치(동법 제42조)·가석방 및 임시퇴원의 취소(동법 제48조)·보호처분의 변경(동법 제49조) 등의 제재수단을 사용할 수 있다.

④ 임시해제 결정이 취소된 경우에는 그 임시해제 기간을 보호관찰 기간에 포함한다(동법 제52조 제4항).

18 ① 성폭력범죄로 징역형의 실형을 선고받은 사람이 그 집행을 종료한 후 또는 집행이 면제된 후 10년 이내에 성폭력범죄를 저지른 때이다(전자장치부착법 제5조 제1항 제1호).

②③④ 동법 제5조 제1항

19 ✕ : ⓒ 촉법소년·우범소년(법으로 정한 사유가 있고 그의 성격 또는 환경에 비추어 장래 형벌법령에 저촉되는 행위를 할 우려가 있는 10세 이상 19세 미만인 소년)이 있을 때에는 경찰서장은 직접 관할 소년부에 송치하여야 한다(소년법 제4조 제2항). ⓒ 소년보호사건의 대상이 되는 촉법소년은 형벌법령에 저촉되는 행위를 한 10세 이상 14세 미만인 소년을 말한다(동법 제4조 제1항 제2호). 따라서 14세의 촉법소년은 소년보호사건의 대상이 될 수 없다.

○ : ① 동법 제4조 제2항. ⓔ 동조 제3항

20 ② 소년에 대한 형사사건의 심리는 다른 피의사건과 관련된 경우에도 심리에 지장이 없으면 그 절차를 분리하여야 한다(소년법 제57조).

① 부정기형을 선고받은 소년의 경우 단기의 3분의 1이 지나면 가석방을 허가할 수 있다(동법 제65조). 따라서 단기인 3년의 3분의 1인 1년이 지나면 가석방을 허가할 수 있다.

③ 동법 제64조

④ 동법 제63조

12 교정학 실전 모의고사 정답 및 해설

| 01 ② | 02 ① | 03 ④ | 04 ② | 05 ② | 06 ③ | 07 ② | 08 ① | 09 ② | 10 ④ |
| 11 ② | 12 ① | 13 ③ | 14 ② | 15 ④ | 16 ② | 17 ④ | 18 ① | 19 ② | 20 ① |

01 ② 모핏(Moffitt)은 신경심리학·낙인이론·긴장이론의 입장에서 범죄경력의 발전과정을 설명하였고, 생물사회이론 범죄학자답게 생물학적 특성을 보다 강조하였다.
- 어린 나이부터 비행을 시작한 사람들은 10대에 시작하는 사람들과 차이가 있다.
- 어린 나이부터 비행을 시작한 사람들은 사회나 법의 규범을 위반할 높은 가능성을 가지고 청소년기나 그 이후의 시기를 지속하는 반면, 10대에 시작하는 사람들은 성인이 되면 거의 비행을 지속하지 않는다.
- 어린 나이부터 비행을 시작한 사람들에 대한 친구의 영향은 미미하다. 하지만 10대에 시작하는 사람들은 친구의 영향을 보다 강하게 받는다.

손베리(Thornberry)의 상호작용이론
- 최초의 비행은 청소년기에 전통사회와의 결속이 약화되면서 발생한다. 예를 들어 부모에 대한 애착, 학교에 대한 전념, 전통적 가치에 대한 믿음 등의 연결이 약화될 때마다 비행가능성이 증가한다고 본다.
- 상호과정적 과정은 개인의 생애주기를 통해 발전되며, 각 연령단계에 따라 이론적 설명요인들의 중요도는 상이하게 작용한다.
  예 유년기에는 가족이 중요한 역할을 하지만, 청소년기에는 가족보다는 친구, 학교, 청소년문화 등이 중요한 역할을 하고, 성인기에는 전통적 활동이나 가족에 대한 헌신이 보다 중요한 역할을 한다.

02 ① 엘리엇(Elliott)과 동료들은 긴장이론, 사회통제이론 및 사회학습이론을 결합한 통합이론을 제시하였다.

긴장이론과 사회통제이론의 결합: 성공에 대한 열망의 반대방향으로 작용
- 긴장이론: 긍정적 목표를 달성하기 위한 기회가 차단되었다고 느끼는 개인에게 존재하는 성공에 대한 높은 열망은, 관습적 수단을 포기하고 불법적 수단을 선택하게 만드는 요인이 된다.
- 사회통제이론: 성공에 대한 높은 열망은 교육과 같은 제도화된 수단에 대한 몰입을 높여 범죄의 유혹에 빠지지 않도록 하는 규범적 통제기제로 작용한다.

개인에 따른 사회유대 정도의 차이
- 사회유대 정도는 가정, 학교 등에서의 사회화 과정에 의해 결정되는데, 가족관계나 또래관계, 학업에서의 성공과 실패, 긍정적 자극과 부정적 낙인 등은 사회유대를 강화시키거나 약화시킨다.
- 관습적 목표의 달성을 위한 제도적 기회가 차단되면 사회유대 정도에 따라 개인마다 상이한 방식으로 행동한다.
  - 사회유대가 강하고 관습적 목표에 대한 전념 정도가 높은 사람: 긴장이론의 주장대로 긴장이 발생하고, 이를 해소키 위한 방편으로 비제도적(불법적) 수단을 동원한다.
  - 사회유대가 약하고 관습적 목표에 대한 전념 정도가 낮은 사람: 제도적 기회의 제약으로 인한 부정적 영향을 별로 받지 않는다.

사회통제이론과 사회학습이론의 결합
- 사회통제이론은 청소년의 범죄원인을 사회유대의 약화에서 찾지만, 엘리엇과 동료들은 이를 비판하면서 청소년의 비행·범죄는 특정 사회집단으로부터 지지나 보상을 받을 때 유지된다는 점을 고려해야 한다고 주장하였다.
- 따라서 비행 또래집단은 사회유대가 약한 청소년이 비행·범죄를 시작하고 지속하는 데 필수적인 조건이라고 볼 수 있다.

첫 번째 경로	가정, 학교 등 관습집단과의 유대가 약한 청소년이 비행 또래집단과 접촉하면서 범죄를 학습
두 번째 경로	관습집단과의 사회적 유대가 강한 초기 청소년들은 문화적으로 가치 있는 목표에 몰입하나, 이를 성취하기 위한 제도적 기회가 제약되면 긴장이 형성되어 사회유대가 약화되는 반면, 비행 또래집단과의 유대는 강화되어 범죄를 학습

03 ④는 상황적 범죄예방의 5가지 목표 중 위험의 증가에 해당한다.

▌**코니쉬와 클라크의 상황적 범죄예방**

사회나 사회제도 개선에 의존하는 것이 아니라, 단순히 범죄기회 감소에 의존하는 예방적 접근으로, 5가지 목표(노력의 증가, 위험의 증가, 보상의 감소, 자극의 감소, 변명의 제거)와 25가지 기법을 구체적으로 제시하였다.

목표	구체적 기법
노력의 증가	대상물 강화, 시설접근 통제, 출구검색, 잠재적 범죄자 분산, 도구·무기 통제
위험의 증가	보호기능 확장, 자연적 감시, 익명성 감소, 장소감독자 활용, 공식적 감시 강화
보상의 감소	대상물 감추기, 대상물 제거, 소유자 표시, 장물시장 교란, 이익불허
자극의 감소	좌절감과 스트레스 감소, 논쟁 피하기, 감정적 자극 감소, 친구압력 중화, 모방 좌절시키기
변명의 제거	규칙의 명확화, 지침의 게시, 양심에의 호소, 준법행동 보조, 약물과 알코올 통제

04 × : ㉠ 수형자 자치제가 현행제도로서 처음 실시된 곳은 뉴욕주의 오번교도소이다. ㉢ 수형자 자치제는 시설 내 처우의 일종이다. ㉣ 수형자 자치제는 교도관의 계호를 최소화하고 수형자의 자치활동을 최대한 보장하므로, 계호인원이 늘어 행형경비가 증가한다는 표현은 틀리다. ㉺ 정기형제도하에서는 자치심이 형성되지 않은 수형자라도 형기가 종료되면 사회에 복귀시켜야 하므로, 부정기형제도가 수형자 자치제에 보다 효과적이다.

　　 ○ : ㉡㉢

05 × : ㉡ 의류를 지급하는 경우 수형자가 개방처우급인 경우에는 색상, 디자인 등을 다르게 할 수 있다(형집행법 시행규칙 제84조 제2항). ㉢ "휴대금품"이란 신입자가 교정시설에 수용될 때에 지니고 있는 현금(자기앞수표를 포함한다)과 휴대품을 말한다(동법 시행령 제34조 제1항).

　　 ○ : ㉠ 동법 시행규칙 제84조 제1항. ㉣ 동법 시행령 제34조 제2항

06 × : ㉢ 수용자는 위생을 위하여 머리카락과 수염을 단정하게 유지하여야 한다(형집행법 제32조 제2항). ㉣ 소장은 수용자가 건강유지에 필요한 운동 및 목욕을 정기적으로 할 수 있도록 하여야 한다(동법 제33조 제1항).

　　 ○ : ㉠ 동법 제30조. ㉡ 동법 제31조, 제32조

07 × : ㉡ '수용자의 처우 또는 교정시설의 운영에 관하여 거짓사실을 유포하는 때'는 접견중지사유이다(형집행법 제42조 제4호). ㉢ 수형자의 교화 또는 건전한 사회복귀를 위하여 필요한 때이다(동법 제41조 제4항 제2호).

　　 ○ : ㉠ 동조 제4항 제1호. ㉣ 동조 제4항 제3호
　　 ※ **형집행법 제41조(접견)** ④ 소장은 다음 각 호의 어느 하나에 해당하는 사유가 있으면 교도관으로 하여금 수용자의 접견내용을 청취·기록·녹음 또는 녹화하게 할 수 있다.
　　　 1. 범죄의 증거를 인멸하거나 형사법령에 저촉되는 행위를 할 우려가 있는 때
　　　 2. 수형자의 교화 또는 건전한 사회복귀를 위하여 필요한 때
　　　 3. 시설의 안전과 질서유지를 위하여 필요한 때

08 × : ㉠ 소장은 제25조 제1항 각 호(전화통화 불허가사유)의 어느 하나에 해당하지 아니한다고 명백히 인정되는 경우가 아니면 통화내용을 청취하거나 녹음한다(형집행법 시행규칙 제28조 제1항). 즉, 원칙적으로 청취하거나 녹음하도록 규정하고 있다. 동법 제44조 제2항에서는 "전화통화의 허가에는 통화내용의 청취 또는 녹음을 조건으로 붙일 수 있다."고 하여 임의적 청취 또는 녹음으로 규정하고 있다는 점에 유의하여야 한다. ㉡ 소장은 녹음기록물에 대한 보호·관리를 위해 전화통화 정보 취급자를 지정해야 하고, 전화통화 정보 취급자는 직무상 알게 된 전화통화 정보를 누설 또는 권한 없이 처리하거나 다른 사람이 이용하도록 제공하는 등 부당한 목적으로 사용해서는 안 된다(동조 제3항).

　　 ○ : ㉢ 동법 시행규칙 제29조 제1항. ㉣ 동조 제2항

09 ② 교정시설의 장은 민간기업이 참여할 교도작업(민간참여작업)의 내용을 해당 기업체와의 계약으로 정하고 이에 대하여 법무부장관의 승인(재계약의 경우에는 지방교정청장의 승인)을 받아야 한다. 다만, 법무부장관이 정하는 단기의 계약에 대하여는 그러하지 아니하다(교도작업법 제6조 제2항).

① 동법 제4조. ③ 동법 제8조 제2항. ④ 동법 제10조

10 × : ㉠ 소장은 유아의 양육을 허가하지 아니하는 경우에는 수용자의 의사를 고려하여 유아보호에 적당하다고 인정하는 법인 또는 개인에게 그 유아를 보낼 수 있다(형집행법 시행령 제80조 제1항 본문). ㉣ 양육이 허가된 유아가 출생 후 18개월이 지나거나, 유아양육의 허가를 받은 수용자가 허가의 취소를 요청하는 때 또는 법 제53조 제1항 각 호(유아양육 불허가사유)의 어느 하나에 해당되는 때에도 제1항과 같다(동조 제2항).

　　○ : ㉡ 동조 제1항 단서. ㉢ 동조 제2항

11 (미결수용자 또는 사형확정자)가 수용된 거실은 참관할 수 없다(형집행법 제80조, 제89조 제2항). 자살 등의 우려가 큰 때에는 (전자영상장비)로 거실에 있는 수용자를 계호할 수 있다(동법 제94조 제1항 단서). (보호장비)를 사용하여도 그 목적을 달성할 수 없는 경우에는 일반수용거실로부터 격리되어 있고 방음설비 등을 갖춘 (진정실)에 수용할 수 있다(동법 제96조 제1항).

12 ① 교도관이 수용자에 대하여 무기를 사용할 수 있는 사유에 해당하는 것은 ㉠㉢이다(형집행법 제101조 제1항).

13 ③ "교정성적"이란 수형자의 수용생활 태도, 상벌 유무, 교육 및 작업의 성과 등을 종합적으로 평가한 결과를 말한다(형집행법 시행령 제84조 제1항).

14 × : ㉡㉤
　　○ : ㉠㉢㉣㉥㉧
　　※ 형집행법 제17조(고지사항) 신입자 및 다른 교정시설로부터 이송되어 온 사람에게는 말이나 서면으로 다음 각 호의 사항을 알려 주어야 한다.
　　　1. 형기의 기산일 및 종료일
　　　2. 접견·편지, 그 밖의 수용자의 권리에 관한 사항
　　　3. 청원, 「국가인권위원회법」에 따른 진정, 그 밖의 권리구제에 관한 사항
　　　4. 징벌·규율, 그 밖의 수용자의 의무에 관한 사항
　　　5. 일과(日課) 그 밖의 수용생활에 필요한 기본적인 사항

15 ④ 자기보고방법은 일정한 집단을 대상으로 개개인의 범죄 또는 비행을 스스로 보고하게 함으로써 암수를 측정하는 방법을 말하는데, 경미한 범죄의 파악에는 도움이 되나, 중한 범죄는 은폐할 가능성이 많아 파악하기 어렵다는 단점이 있다.

┃ 자기보고방법의 장단점

장점	단점
• 대상집단 전체에서 차지하는 범죄를 정확히 파악 가능 • 공식통계에 나타난 범죄인과 자기보고에 기초한 범죄인의 특성을 비교·연구할 수 있음 • 공식통계에 나타나지 않은 암수범죄 파악에 용이 • 범죄통계상 존재할 수 있는 계급적 편견 파악에 용이 • 피조사자의 범죄에 대한 가치관과 태도 등의 파악에 용이	• 조사에 응하는 사람의 진실성과 성실성에 따라 신빙성이 좌우 • 경미한 범죄를 파악함에는 유리하나, 중한 범죄는 은폐될 가능성이 많음 • 다양한 종류의 범행을 모두 조사하기 곤란 • 지속적이고 전국적인 조사보다는 특정 시점과 특정 지역에 한정되는 경우가 많아 조사결과를 일반화하기 어려움

16 × : ㉡ 단순히 학습의욕이 부족한 것만으로 취소할 수 없고, '학습의욕이 부족하여 구두경고를 하였는데도 개선될 여지가 없거나 수학능력이 현저히 부족하다고 판단되는 때'에 취소할 수 있다(형집행법 시행규칙 제105조 제1항 제2호). ㉢ 징벌을 받는 것뿐만 아니라 '징벌을 받고 교육 부적격자로 판단되는 때'에 취소할 수 있다(동조 제1항 제3호).
　　○ : ㉠ 동조 제1항 제1호. ㉣ 동조 제1항 제4호
　　※ 형집행법 시행규칙 제105조(교육취소 등) ① 소장은 교육대상자가 다음 각 호의 어느 하나에 해당하는 경우에는 교육대상자 선발을 취소할 수 있다.
　　　1. 각 교육과정의 관계법령, 학칙, 교육관리지침 등을 위반한 때

    2. 학습의욕이 부족하여 구두경고를 하였는데도 개선될 여지가 없거나 수학능력이 현저히 부족하다고 판단
       되는 때

    3. 징벌을 받고 교육 부적격자로 판단되는 때

    4. 중대한 질병, 부상, 그 밖의 부득이한 사정으로 교육을 받을 수 없다고 판단되는 때

17 법원은 보호관찰을 조건으로 한 형의 선고유예의 실효 및 집행유예의 취소청구의 신청 또는 보호처분의 변경 신청이
있는 경우에 심리를 위하여 필요하다고 인정되면 심급마다 20일의 범위에서 한 차례만 유치기간을 연장할 수 있으며
(보호관찰법 제43조 제2항), 보호관찰소의 장은 가석방 및 임시퇴원의 취소 신청이 있는 경우에 심사위원회의 심사에
필요하면 검사에게 신청하여 검사의 청구로 지방법원 판사의 허가를 받아 10일의 범위에서 한 차례만 유치기간을 연장
할 수 있다(동조 제3항).

18 ① 법원은 특정범죄를 범한 자에 대하여 형의 집행을 유예하면서 보호관찰을 받을 것을 명할 때에는 보호관찰기간의
    범위 내에서 기간을 정하여 준수사항의 이행여부 확인 등을 위하여 전자장치를 부착할 것을 명할 수 있다(전자장
    치부착법 제28조 제1항).

② 동법 제24조 제3항. ③ 동법 제4조. ④ 동법 제21조의2 제2항

19 A. 의료(치료)모형 – 교정은 치료라고 보고, 소년원에 있어 교정교육기법의 기저가 되었다.

    B. 적응(조정)모형 – 범죄자는 치료의 대상이지만 스스로 책임 있는 선택과 합리적 결정을 할 수 있는 자로 본다.

    C. 범죄통제(정의)모형 : 청소년도 자신의 행동에 대해서 책임을 져야 하므로, 청소년범죄자에 대한 처벌을 강화하는
       것만이 청소년범죄를 줄일 수 있다.

    D. 최소제한(제약)모형 : 낙인이론에 근거하여 시설수용의 폐단을 지적하고, 처벌 및 처우개념을 모두 부정하며, 불간
       섭주의를 주장한다.

20 소년원장은 미성년자인 보호소년 등이 친권자나 후견인이 없거나 있어도 그 권리를 행사할 수 없을 때에는 법원의
허가를 받아 그 보호소년 등을 위하여 친권자나 후견인의 직무를 행사할 수 있다(보호소년법 제23조).

MEMO

MEMO

MEMO